立德树人：师范教育实习指导研究

李 雪 著

吉林大学出版社
·长春·

图书在版编目(CIP)数据

立德树人：师范教育实习指导研究 / 李雪著. —长春：吉林大学出版社，2021.10
ISBN 978-7-5692-9087-5

Ⅰ.①立… Ⅱ.①李… Ⅲ.①师范教育－教育实习－研究 Ⅳ.① G652.44

中国版本图书馆 CIP 数据核字 (2021) 第 208887 号

书　　名：立德树人：师范教育实习指导研究
LIDE SHUREN：SHIFAN JIAOYU SHIXI ZHIDAO YANJIU

作　　者：李　雪　著
策划编辑：邵宇彤
责任编辑：高珊珊
责任校对：田　娜
装帧设计：优盛文化
出版发行：吉林大学出版社
社　　址：长春市人民大街 4059 号
邮政编码：130021
发行电话：0431-89580028/29/21
网　　址：http://www.jlup.com.cn
电子邮箱：jdcbs@jlu.edu.cn
印　　刷：定州启航印刷有限公司
成品尺寸：170mm×240mm　　16 开
印　　张：13.25
字　　数：225 千字
版　　次：2021 年 10 月第 1 版
印　　次：2021 年 10 月第 1 次
书　　号：ISBN 978-7-5692-9087-5
定　　价：69.00 元

版权所有　　翻印必究

前 言

"教育兴则国家兴,教育强则国家强。"教育是衡量一个国家和民族未来发展和综合国力的重要标准。我国自古以来就十分重视教育,并形成了优秀的教育文化传统。进入新时代以来,随着国内国际形势的发展,我国社会主要矛盾的变化,社会人才培养有了新的要求。十八大报告提出要"努力办好人民满意的教育",并从立德树人、教育公平、高等教育内涵式发展等方面提出一系列新的要求,为教育改革发展指明了方向。十九大报告中强调要"落实立德树人根本任务,发展素质教育,推进教育公平,培养德、智、体、美全面发展的社会主义建设者和接班人"。立德树人回答了"培养什么人,怎样培养人"的教育根本问题和永恒主题,为我国新时代教育发展和教育改革指明了方向。

师范教育作为培养未来教师的教育,是支撑教育事业持续健康有序发展的重要动力。师范生实习作为师范教育的重要组成部分,也是师范教育中不可或缺的重要环节,在师范生的德、智、体、美全面发展中起着十分重要的作用。

本书从立德树人视域出发,从社会主义核心价值观、中华优秀传统文化、社会主义法治教育和核心素养四个方面对师范教育实习指导进行深入研究。本书第一章从立德树人理论的提出背景和理论基础入手,对立德树人的内涵、特征、意义和行动要求进行了详细阐释;第二章从立德树人视域出发,对师范教育中立德树人的价值、基本原则和任务、实现路径进行了详细分析;第三章从师范教育实习概念与价值、目标与内容、原则与影响因素等方面入手,对立德树人视域下师范教育实习的意义进行了详细阐释;第四章从社会主义核心价值观的内涵与意义、师范教育实习中社会主义核心价值观的内容与目标、师范教育实习中社会主义核心价值观的培养路径等方面着手对师范教育实习中社会主义核心价值观教育进行了详细阐释;第五章从中华优秀传统文化教育的内涵与意义、中华优秀传统文化教育对师德的影响、师范教育实习中优秀传统文化教育的培养路径等方面对师范教育实习中的优秀传统文化教育进行了详细阐释；第六章从社会主义法治教育的内涵及意义、师范教育实习中加强社会主义法治教育的内容及目标、师范教育实习中社会主义法治教育的培养路径等方面着手对师范教育实习中的社会主义法治教育进行了详细阐释；第七章从核心素养教育的内涵及意义、师范教育实习中核心素养教育的内容与目标、师范教育实习中学生核心素养教育的培养路径等方面着手对师范教育实习中的核心素养教育进行了详细阐释。

本书语言平实、质朴，观点清晰明了，适合高校师范教育学生、教师以及对立德树人理念或中国师范教育感兴趣的读者阅读。

目 录

第一章 "立德树人"理论概述 ... 1
    第一节 "立德树人"的理论渊源 ... 3
    第二节 "立德树人"理论的特征 ... 11
    第三节 "立德树人"理论的内涵与行动要求 ... 13

第二章 师范教育中的核心内容："立德树人" ... 21
    第一节 师范教育中"立德树人"的内涵及重要价值 ... 23
    第二节 师范教育中"立德树人"的基本原则 ... 29
    第三节 师范教育中"立德树人"的实现路径 ... 34

第三章 "立德树人"视域下师范教育实习综述 ... 41
    第一节 师范教育实习的综合概述 ... 43
    第二节 师范教育实习的目标与内容 ... 57
    第三节 "立德树人"视域下师范教育实习的原则与影响因素 ... 70

第四章 师范教育实习中的社会主义核心价值观教育 ... 83
    第一节 社会主义核心价值观简述 ... 85
    第二节 师范教育实习中社会主义核心价值观的培养 ... 95
    第三节 师范教育实习中社会主义核心价值观的培养路径 ... 107

第五章 师范教育实习中的优秀传统文化教育 ... 119
    第一节 中华优秀传统文化教育的内涵及意义 ... 121

第二节	中华优秀传统文化教育对师德的影响	134
第三节	师范教育实习中优秀传统文化教育的培养路径	136

第六章　师范教育实习中的社会主义法治教育　149

第一节	社会主义法治教育的发展及意义	151
第二节	师范教育实习中加强社会主义法治教育的方法	162
第三节	师范教育实习中社会主义法治教育的培养路径	176

第七章　师范教育实习中的核心素养教育　185

第一节	核心素养教育的内涵及意义	187
第二节	师范教育实习中核心素养教育概述	193
第三节	师范教育实习中学生核心素养教育的培养路径	197

参考文献　200

第一章
"立德树人"理论概述

第一章 "立德树人"理论概述

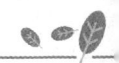

第一节 "立德树人"的理论渊源

胡锦涛在党的十八大报告中指出："要坚持教育优先发展，全面贯彻党的教育方针，坚持教育为社会主义现代化建设服务、为人民服务，把立德树人作为教育的根本任务，培养德智体美全面发展的社会主义建设者和接班人。""立德树人"理论提出后，习近平在多个场合强调"立德树人"的重要性。党的十九大对"立德树人"的根本任务进行了强调："要全面贯彻党的教育方针，落实立德树人根本任务，发展素质教育，推进教育公平，培养德智体美全面发展的社会主义建设者和接班人。"[1] 2018年，习近平就如何落实"立德树人"提出了具体要求，指出："要把立德树人的成效作为检验学校一切工作的根本标准，真正做到以文化人、以德育人，不断提高学生思想水平、政治觉悟、道德品质、文化素养，做到明大德、守公德、严私德。要把立德树人内化到大学建设和管理各领域、各方面、各环节，做到以树人为核心，以立德为根本。"[2] 强调了大学中贯彻"立德树人"理念的重要意义。2019年3月，习近平在学校思想政治理论课教师座谈会上指出："思政课是落实立德树人根本任务的关键课程。""办好思想政治理论课关键在教师，关键在发挥教师的积极性、主动性、创造性。"[3] 明确了教师在"立德树人"理念贯彻中的重要作用。2019年，国务院办公厅印发了《关于新时代推进普通高中育人方式改革的指导意见》明确提出："到2022年，德智体美劳全面培养体系进一步完善，立德树人落实机制进一步健全。"[4] 明确了"立德树人"落实机制的时间表。立德树人是对我国传统教育思

---

[1] 本书编写组.十九大报告关键词[M].北京：党建读物出版社，2017：93.
[2] 习近平：在北京大学师生座谈会上的讲话[N].人民日报，2018-5-2（02）.
[3] 《求是》杂志发表习近平总书记重要文章《思政课是落实立德树人根本任务的关键课程》[EB/OL].(2020-08-31) [2021-11-1]http://www.xinhuanet.com/politics/leaders/2020/08/31/c_1126434482.htm
[4] 国务院办公厅关于新时代推进普通高中育人方式改革的指导意见[EB/OL].(2019-6-19) [2021-11-01].http://www.gov.cn/zhengce/content/2019-06/19/content_5401568.htm

想的传承与发展，是中国特色社会主义教育本质的体现，也是新时代贯彻党的教育方针的要求。"立德树人"的提出有着深刻的理论渊源。本节主要对"立德树人"提出的背景和理论渊源进行详细阐释。

一、"立德树人"提出的背景

"立德树人"是新时代我国教育的目标和任务，"立德树人"的提出并非无源之水，无本之木，而是有着特定的时代背景和理论渊源的。

（一）"立德树人"提出的国际背景

进入21世纪以来，社会风云变幻，时代正在迎来新一轮大变革、大调整。随着新一代科技革命的兴起，以及经济全球化、世界多极化、文化多样化的发展，世界正在发生广泛而深刻的变革。

1. 经济全球化持续发展

经济全球化一词出现于20世纪80年代，20世纪90年代这一概念得到了国际社会的广泛认可。第二次世界大战以来，科技进步极大地促进了全球生产力的发展，为全球经济化奠定了坚实的基础。尤其是20世纪70年代以来，信息技术革命不仅加快了信息传递速度，极大地降低了信息传递成本，有效打破了不同国家和地域之间的空间地理界线，通过信息技术将全世界连接起来，迅速推进了经济全球化的发展。经济全球化顺应了人类历史发展的潮流，是人类历史客观发展的结果。我国自改革开放40多年来，始终坚持对外开放，借助经济全球化的影响，取得了一系列举足轻重的结果，推动了我国经济的全面发展。经济全球化在推动世界经济快速发展的同时，也改变了传统的国家（地区）之间的关系，使全球各个国家与地区之间的关系更加密切，各种思潮和观念通过经济全球化传播至世界各个角落，冲击着不同国家和地区固有的思想和文化。

2. 文化多样化

在漫长的历史发展中，世界上形成了各种各样的文化。当今世界，有200多个国家和地区，2 500多个民族，6 000多种语言。不同国家和地区的地理环境、文化发展经历、人口状况不同，导致不同国家和地区之间的文化之间存在较大的差异性，世界文化呈现出多样性的特征。随着经济全球化的发展，世界各个国家和地区之间的联系越来越紧密，各个国家和地区之间文化交流越来越紧密。然而在文化交流越来越密切的同时，不同国家和地区之间的文化差异带来的文化交锋呈现出愈演愈烈之势。习近平曾指出："当今时代，社会思想观念和价值取向日趋活跃，主流的和非主流的同时并存，先进的和落后的相互交织，社会思潮纷纭激荡。"①面对世界文化多样化的发展和文化交流、融合、交锋的时代形势，我国一方面对外采取积极外交政策，开展各种文化交流活动；另一方面对内则不断提升文化自信，不断提高国际文化软实力。

3. 信息科技的飞速发展

自 20 世纪八九十年代以来，随着第三次产业革命的发展，世界科学技术在短短数十年内取得了飞速发展。21 世纪以来，随着信息科技的迅猛发展，信息技术已成为国家软实力竞争以及未来综合国力竞争的关键。自改革开放以来，我国信息科技发展迅速，极大地推动了我国国计民生的繁荣发展。随着新一轮科技革命的孕育和发展，科技在国家发展中的地位越来越重要。

无论是经济、文化还是科技的发展均离不开人才的培养和创新，在新时代背景下，为了适应国际社会的发展，我国需要迫切培养出一大批中国特色社会主义事业建设者和接班人，不断推动我国经济、文化、科技等各个方面的发展。新时代中国特色社会主义建设者和接班人肩负着实现中华民族伟大复兴的中国梦的重任，而且承担着保障我国在复杂的国际形势下坚定维护马克思主义社会理念、传播中国传播优秀文化、积极吸收外来先进文化的使命，为我国"立德树人"思想的提出奠定了基础。

（二）"立德树人"提出的国内背景

改革开放以来，我国各项事业取得了迅速发展，在新时代背景下，我国面临着新的发展任务，为我国"立德树人"理念的提出奠定了基础。

1. 实现"两个一百年"奋斗目标的新要求

1997 年，党的十五大第一次提出了出"两个一百年"奋斗目标：到建党一百年时，使国民经济更加发展，各项制度更加完善；到世纪中叶建国一百年时，基本实现现代化，建成富强民主文明的社会主义国家。党的十九大报告中提出：从 2020 年到 21 世纪中叶可以分两个阶段来安排。第一个阶段，从二〇二〇年到二〇三五年，在全面建成小康社会的基础上，再奋斗十五年，基

---

① 习近平. 习近平谈治国理政 [M]. 北京：外文出版社，2014：399.

本实现社会主义现代化。第二个阶段，从二〇三五年到 21 世纪中叶，在基本实现现代化的基础上，再奋斗十五年，把我国建成富强民主文明和谐美丽的社会主义现代化强国。对两个一百年奋斗目标的理想进一步明确化和具体化。两个一百年奋斗目标清晰地规划出中华民族伟大复兴的蓝图和路线图，成为引领我国发展的时代号召。两个一百年奋斗目标的实现离不开人才的培养，也不离开全民道德素质的提升。而全民道德素质提升的关键在于"德"，因此新时代人才培养必须坚持"立德树人"，以人才的德育培养为先，加强我国公民的公德教育和职业道德教育、家庭美德教育、个人品德教育，全面提升我国国民的整体素质。

2. 深化教育改革的要求

改革开放以来，为了适应社会人才培养的需求，我国教育事业进行了多轮改革。2013 年党的十八届三中全会上通过了《中共中央关于全面深化改革若干重大问题的决定》对我国各行各业的全面深化改革做出了明确规定和重要部署。其中，教育事业作为我国培养人才的事业，为中国特色社会主义改革和发展提供了重要的人才保障。我国传统教育对学生的评价主要以分数为主，重视应试教育而忽略了素质教育，这使得社会上一些学校、教师和家长的教育理念出现了偏差。教育的本质在于育人，新时代深化教育改革要求在教学实践中重视德育，强调"立德树人"。在培养学生知识和能力的同时，教师应对学生的思想道德进行培养，引导学生树立正确的世界观、人生观和价值观。从这一视角看，"立德树人"是深化教育改革的时代要求。

人才是推动社会发展的基础，现阶段，随着世界经济的发展，国家之间的综合竞争越来越激烈，为了提升国家综合国力，必须推动国家科研、经济、文化等各个方面的发展。在人才培养上，也应朝着培养德、智、体、美全面发展的高素质人才发展。而在全面深化教育领域改革中，为了培养全面发展的高素质人才，必须在教育理论上注重德育，坚定"立德树人"的教育理论，在落实"立德树人"根本任务的同时，不断深化教育改革。

3. 新时代发展的新要求

改革开放 40 多年来，我国各项事业均取得了突飞猛进的发展。随着中国特色社会主义进入新时代，我国社会的主要矛盾发生了转变，转化为人民日益增长的美好生活需要和不平衡不充分的发展之间的矛盾。新时代，随着我国经济的增长和人民生活水平的日益提高,人们对美好生活的需要不再仅仅满足于物质生活的追求,而是越来越注重精神层面的体验和享受,这种精神层面上的追求与德育息息相关。随着新时代的到来,我国公民的精神面貌发生了较大变化,越来越多的社会公民开始注重品德修养。而社会成员精神面貌的改变和提升成为全体社会成员对自身的要求和对他人的期待,成为影响人们追求美好生活的关键因素。在社会各级各类教育中,只有坚持"立德树人",才能不断提升全民道德水平,满足人民群众对美好生活的向往。

综上所述,"立德树人"的提出有着独特的国际和国内背景,是新时代我国社会发展的必然要求,也是实现中华民族伟大复兴的中国梦的基础。

二、"立德树人"的理论基础

"立德树人"理论形成的重要理论基础主要为马克思关于人的全面发展理论、党的领导人的德育思想和中华优秀传统文化中的德育思想。

(一)马克思关于人的全面发展理论

马克思关于人的全面发展理论是马克思主义的基本思想,也是马克思主义的出发点和归宿,贯穿于马克思主义的各个部分。马克思人的全面发展理论包括人的需要的全面发展、人的能力的全面发展、人的社会关系的全面发展、人的自由个性的全面发展以及人的自身文化素质的全面发展。

人的需要理论最早是由马克思和恩格斯在《德意志意识形态》中提出的,文章指出:"在任何情况下,个人总是'从自己出发的',由于他们的需要即他们的本性,以及他们求得满足的方式,把他们联系起来(两性关系、交换、分工),所以他们必然要发生相互关系。"[1] 马克思关于人的需要的理论并没集中整理,而是分散于其多部著作之中,然而马克思关于人的需要理论却具有其内在的逻辑联系。马克思认为,需要是人的本性,人不仅对自然存在需要,还存在对他人以及对社会的需要,并指出"每一个人的需要的满足都依赖于整个世界"。[2] 马克思还指出,人的需要催生了人的劳动实践,并且人类的高层次需要的满足是以低层次需要的满足作为基础的。[3]

---

[1] 马克思恩格斯全集(第3卷)[M]. 北京:人民出版社,1960:514.
[2] 袁贵仁. 马克思主义人学理论研究[M]. 北京:北京师范大学出版社,2017:5.
[3] 马克思恩格斯选集(第1卷)[M]. 北京:人民出版社,1995:79.

人的能力的全面发展是指社会是一个载体，人的能力是在社会实践中逐渐得到提高的。人从事一切社会活动的基础即是具有一定的能力，人的能力中的体力和脑力是所有能力中必不可少的两个要素，人只有同时具备体力和脑力，才能为人的全面发展提供保障。人不仅具有体力和脑力，还具有自然能力以及社会能力。与动物一样，人的自然能力具有与生俱来的生命力，但比动物更具有能力性。人的社会能力是指人在社会实践过程中形成的生产能力、政治能力、知识能力以及人的意志、品德、情感等方面的能力。

人的社会关系的全面发展是基于人的本质属性，人的本质属性是社会关系的总和，处于社会关系中的人，其发展程度受到社会关系发展程度的影响。人是社会发展的产物，具有社会性的特点，个人无法离开社会群体而独自发展。个体在社会中参与社会活动的积极性，以及活动范围的扩大，与生产力的发展和社会进步有着十分密切的关系。社会生产力越发达，个体参与社会活动的积极性越高，而个体在社会中的活动丰富了人的社会关系，社会关系的拓展使人与人之间的交往越来越频繁和紧密，并且提升了各民族和各地域之间交往，从而促进了社会的包容性和开放性。人是社会的产物，具有社会性的特点，每个人的发展都离不开社会环境。而社会交往是人与人之间进行信息传递和感悟沟通等全方位发展的必要媒介，随着个体社会交往范围的不断扩大和交往层次的不断深入，个人的能力也会得到全面发展。

人的自由个性的全面发展是指每个人都是社会中的独立的个体，具备与众不同的个性。马克思认为，充分发挥人的自身个性，实现人的个性的全面发展是共产主义社会的目标。[1]人与动物的最显著的区别在于人具有主观能动性，能够通过对自身以及社会环境的改造，使个体得到更好的发展。马克思认为，人的劳动以及通过劳动而生产的产品是人的个性和主体性的物化，人在劳动过程中对生命的肯定也是对个性的肯定。[2]人的个性随着主体性的增强而增强，个人的主体性的充分发挥使得个人的差异性和独特性也更强，而个体的差异性和独特性正是个体区别于他人的最重要表现。人的自由个性的全面发展主要表现为个人所具备的潜在本能、创造本性等精神特质的充分发挥，个人身心的和

---

[1] 马克思，恩格斯. 马克思恩格斯选集 第1卷[M]. 北京：人民出版社,1972：67.
[2] 马克思恩格斯全集（第49卷）[M]. 北京：人民出版社，1982：71.

谐发展以及个人人格独立性的不断加强和尊严的不断彰显。

人的自身素质的全面发展是人的全面发展理论的重要组成部分。素质是一种看不见摸不到的东西，是人的内在品质，同时也是人对自身和外界看法的集中体现。人的素质具体可分为自然素质和社会素质两个方面，其中社会素质又包括人的思想道德素质和科学文化素质。在人的发展中，思想道德素质和科学文化素质十分重要，它们决定着人的价值观和人生观。而人的自身文化素质的高低反映了人的发展程度与社会发展程度的高低，只有将人的自身文化素质和思想道德素质与人的需要、人的能力以及人的社会关系和人的个性的全面发展联系起来，全面重视个人文化素质的培养，才能达到促进人的全面发展的最终目的。

（二）党的领导人的德育思想

针对德育思想的深刻内涵，即"树人以何德"，毛泽东[①]同志结合当时的国际背景及国内阶级斗争状况，指出德育教育的内容应以政治教育为核心，强调马克思主义理论教育、爱国主义教育、集体主义教育以及为民爱民、艰苦奋斗的德育思想。改革开放以后，邓小平[②]同志继承发展了毛泽东的德育思想，形成了一套关于中国特色社会主义的德育思想，提出培育"四有"新人的德育要求，强调青年人才培养。江泽民[③]同志在继承前人的基础上，提出培育"四人"任务、实现人的全面发展目标，真正贯彻了"培养什么人，怎样培养人"的"立德树人"核心战略。社会转型期，胡锦涛[④]同志指出"要将社会主义核心价值体系作为国民德育教育的主要内容，融入国民教育全过程，教育广大人民群众尤其是青少年树立起社会主义荣辱观"。

习近平[⑤]新时代中国特色社会主义德育思想的精神实质与中国共产党几代领导人德育思想内涵是既一脉相承又与时俱进的，是在继承前人德育思想体系

---

① 毛泽东.毛泽东选集 第3卷[M].北京：人民出版社,1991：864.
② 《邓小平文选》第三卷助读编写组．《邓小平文选 第3卷》助读[M].北京：新华出版社，1993：190.
③ 江泽民.在第三次全国教育工作会议上的讲话.[N].人民日报，1999-6-16（01）.
④ 胡锦涛.在全国优秀教师代表座谈会上的讲话 2007年8月31日[M].北京：人民出版社，2007：1-7.
⑤ 习近平.青年要自觉践行社会主义核心价值观——在北京大学师生座谈会上的讲话[N].人民日报,2014-05-05(001）.

的基础上，针对在新时代下开展立德树人工作而提出的新论断、新要求。习近平总书记进一步丰富了德育思想的内涵、阐释了社会主义核心价值观的应有之义、强调了传承中华民族传统文化的价值意义、明确了青年人才培养的核心要求，这一系列德育思想是中国共产党人德育思想的继续发展与创新。

党的十八大之后，习近平在继承历代领导人德育思想的基础上，提出了新时代"立德树人"的新观点和新要求。党的十九大向全党和全国人民宣布，中国特色社会主义进入了新时代。新时代具有新的历史方位、新的社会主要矛盾、新的战略安排和奋斗目标，也对党和国家各项工作包括高校思想政治教育提出了新的要求。

党的十九大报告在重申"要全面贯彻党的教育方针，落实立德树人根本任务，发展素质教育，推进教育公平，培养德智体美全面发展的社会主义建设者和接班人"的既定方针、任务和培养目标的同时，也明确提出了新时代"以培养担当民族复兴大任的时代新人为着眼点"，"青年一代有理想、有本领、有担当，国家就有前途，民族就有希望"的新论述、新要求。因此，培养以中华民族伟大复兴为己任的有理想、有本领、有担当的时代新人，就是对当前高校立德树人新的时代要求。这里我们尤其要加深对当代青年大学生必须"有理想、有本领、有担当"时代特征的理解。

习近平总书记在十九大报告中始终将理想信念放在思想政治教育、立德树人和党的思想建设的首位，他多次强调"必须坚持马克思主义，牢固树立共产主义远大理想和中国特色社会主义共同理想"，"广泛开展理想信念教育"，"革命理想高于天。共产主义远大理想和中国特色社会主义共同理想，是中国共产党人的精神支柱和政治灵魂，也是保持党的团结统一的思想基础。要把坚定理想信念作为党的思想建设的首要任务，教育引导全党牢记党的宗旨，挺起共产党人的精神脊梁，解决好世界观、人生观、价值观这个'总开关'问题，自觉做共产主义远大理想和中国特色社会主义共同理想的坚定信仰者和忠实实践者"，"广大青年要坚定理想信念，志存高远，脚踏实地，勇做时代的弄潮儿"。

综上所述，"立德树人"理论是在我国历代领导人德育思想的基础上提出的，与我国各个阶段的德育思想发展一脉相承。

(三) 中华优秀传统文化中的德育思想

中华优秀传统文化中蕴含着丰富的德育思想和德育理论，其中，优良的传统德育思想是中华优秀传统文化瑰宝。早在先秦时期，我国古代典籍中就出现了"立德"一词，例如，《左传》中提出："太上有立德，其次有立功，其次有立言。"这句话中将"立德"放在人生"三不朽"之首。先秦时期考查人才以德为重，到了春秋战国时期，德育思想理论得到了进一步发展。儒家、墨家、道家和法家等思想家均对德育的相关问题进行了论述，其中以儒家对德育的论述最具代表性。在儒家的经典著作《论语》《大学》《礼记》等系列经典著作中，均阐释了德育在个人修养、家庭、社会、国家乃至世界之间的内在逻辑关系，突出了德育的重要作用。

继春秋战国后，我国古代德育思想在汉、唐、宋、元、明、清各个朝代均得到了相应的发展，形成了内涵丰富的古代德育思想，为我国"立德树人"重要理论的提出奠定了思想基础。

第二节 "立德树人"理论的特征

"立德树人"理论回答了"培养什么人"和"怎样培养人"的问题，是教育的核心问题。"立德树人"作为中华人民共和国成立后我国一直坚持的教育思想，在不同时期的目标不同。本节主要对"立德树人"的特征和意义进行详细阐释。新时代"立德树人"具有理论与实践相统一、历史与时代相统一、民族与世界相统一的重要特征。

一、理论与实践相统一

新时代"立德树人"的理论具有较强的科学理论性特征，是对马克思主义"立德树人"理论和历代我国国家领导人"立德树人"理论的继承和创新，并且结合新时代社会主义教育的发展和改革需求而逐渐完善而成，具有较强的科学理性。此外，新时代"立德树人"的理论具有较强的实践性特点。实践是认识发展的动力，是检验认识真理性的唯一标准。实践是理论的来源与基础，没有实践就不会有真理的存在，只有从实践中形成的理论以及经过实践检验的理论，才能上升为真理，才具有普遍意义。新时代"立德树人"的理论并不是一朝一夕形成的，而是在实践、认识又实践的多次反复中逐渐形成的，是立足于我国教育实际，在中国特色社会主义教育发展和改革过程中不断总结和完善、发展，具有坚定的实践性特点。新时代"立德树人"的理论提出后，在贯彻落实过程中，始终保持理论与实践的统一，不断用理论指导实践，在实践中贯彻落实理论，促进理论与实践的融合。

二、历史与时代相统一

中华民族是一个重视品德修养的文化大国，自先秦时期到汉、唐、宋、元、明、清各个朝代，德的思想理论一脉相传，衍生出丰富而又精辟的德育思想。新时代"立德树人"的理论中包含着丰富的中华优秀传统文化，例如，重德贵义、律己修身、兄友弟恭、礼貌谦让、精忠报国等良好品德的理论和思想。这些思想是新时代"立德树人"理论的重要思想来源，因此新时代"立德树人"理论具有较强的历史传承特点。

此外，新时代"立德树人"理念还具有鲜明的时代性特点。随着新时代中国特色社会主义事业的发展，我国社会主要矛盾发生了巨大变化，迫切需要对公民进行德育引导，提升全民道德修养和道德实践，使全国上下自觉培养良好品质，不断提高品德素质修养。从这一视角看，新时代"立德树人"中注入了新的时代内涵，并且指明了新时代教育的根本任务，明确了新时代道德建设的价值标尺，因此具有鲜明的时代性。

新时代"立德树人"中既继承了中华优秀传统文化和中华传统美德，又兼具时代德育内涵，呈现出鲜明的历史和时代的统一。

三、民族与世界相统一

新时代"立德树人"理论还具有民族性与世界性相统一的特点。我国是一个多民族国家，在历史上各民族团结稳定、和睦相处，共同创建了博大精深、内涵丰富的中华优秀传统文化。千百年来，中华儿女为了民族的独立、解放、发展和壮大，进行了顽强的奋斗和拼搏，逐渐形成了以爱国主义为核心的团结统一、爱好和平、勤劳勇敢、自强不息的伟大民族精神。这些民族精神是新时代"立德树人"理论的重要内容。

此外，随着经济全球化的发展，不同区域、国家的经济、政治和文化相互交融，相互吸收和借鉴，形成了全球教育发展的潮流和趋势。新时代"立德树人"理论在顺应中国国情发展的基础上，还吸收了世界先进教育理论和教育成果，丰富了世界教育理论，为世界教育事业的发展贡献了力量，因此呈现出民族与世界相统一的特点。

第三节 "立德树人"理论的内涵与行动要求

"立德树人"的内涵即是明确"立什么样的德""树什么样的人"，本节主要对"立德树人"理论的内涵和行动要求进行详细阐释。

一、新时代"立德树人"理论的内涵

"立德树人"是我国社会主义新时代的人才培养的根本任务，是结合我国具体国情，对社会主义建设者和接班人的全面培养。新时代"立德树人"理论的内涵主要包括立社会主义道德、树全面发展的社会主义建设者和接班人两个主要方面。

（一）立社会主义道德

我国现在正处于社会主义初级阶段，新时代我国的社会矛盾发生了较大变化，主要表现为人民日益增长的美好生活需要和不平衡不充分的发展之间的矛盾。从我国新时代的国情出发，我国社会主义初级阶段的道德建设包括社会主义基本道德规范、社会主义核心价值观、理想信念三个方面。

1. 社会主义基本道德规范

根据我国的具体国情，社会主义基本道德规范包括社会公德、公民道德、职业道德三个方面。社会公德是指在社会公共领域中处理社会关系的基本准则，主要包括处理人与人之间、人与社会之间以及人与自然之间的基本行为要

求。[1]社会是由一个个的人构成的，人是社会的基本单位，社会的正常运转和发展需要人与人之间形成和谐的人际关系。而人与人之间和谐人际关系的形成则与社会规范息息相关。以高校为例，无论教师还是学生，均应保持和谐相处，在与人交往时保持文明礼貌、助人为乐、相互关心、相互尊重、诚实守信等。只有在社会上形成良好的道德规范，才能确保人与人之间和谐相处。社会主义基本道德规范是建立在社会主义经济基础之上，与社会主义经济、政治、文化相适应的社会道德是社会主义初级阶段公民必然遵循的道德规范。

公民道德是一个国家所有公民必须遵守和履行的社会道德规范的总和。根据中共中央、国务院 2019 年 10 月印发实施的《新时代公民道德建设实施纲要》，要求我们要把社会公德、职业道德、家庭美德、个人品德建设作为着力点。推动践行以文明礼貌、助人为乐、爱护公物、保护环境、遵纪守法为主要内容的社会公德，鼓励人们在社会上做一个好公民；推动践行以爱岗敬业、诚实守信、办事公道、热情服务、奉献社会为主要内容的职业道德，鼓励人们在工作中做一个好建设者；推动践行以尊老爱幼、男女平等、夫妻和睦、勤俭持家、邻里互助为主要内容的家庭美德，鼓励人们在家庭里做一个好成员；推动践行以爱国奉献、明礼遵规、勤劳善良、宽厚正直、自强自律为主要内容的个人品德，鼓励人们在日常生活中养成好品行。

学校是公民道德建设的重要阵地。要全面贯彻党的教育方针，坚持社会主义办学方向，坚持育人为本、德育为先，把思想品德作为学生核心素养、纳入学业质量标准，构建德智体美劳全面培养的教育体系。加强思想品德教育，遵循不同年龄阶段的道德认知规律，结合基础教育、职业教育、高等教育的不同特点，把社会主义核心价值观和道德规范有效传授给学生。注重融入贯穿，把公民道德建设的内容和要求体现到各学科教育中，体现到学科体系、教学体系、教材体系、管理体系建设中。开展社会实践活动，推进劳动精神、劳动观念教育，引导学生热爱劳动、尊重劳动，懂得劳动最光荣、劳动最崇高、劳动最伟大、劳动最美丽的道理，更好认识社会、了解国情，增强社会责任感。加强师德师风建设，引导教师以德立身、以德立学、以德施教、以德育德，做有

---

[1] 中共中央宣传部宣传教育局.《公民道德建设实施纲》要学习读本 [M]. 北京：学习出版社，2001：49.

理想信念、有道德情操、有扎实学识、有仁爱之心的好老师。建设优良校风，用校训励志，丰富校园文化生活，营造有利于学生修德立身的良好氛围。

职业道德是社会公民在职业生活中应当遵循的基本规范。俗话说："三百六十行，行行出状元。"不同职业有不同职业应当遵守的职业道德。例如，高校中的主体为教师，教师的职业道德在《中华人民共和国教师法》《高等学校教师职业道德规范》等法律法规中进行了详细表述，其中包括爱国守法、教书育人、为人师表等内容。这些是教师职业所必须遵循的规范。

2. 社会主义核心价值观

社会主义核心价值观是我国作为社会主义国家的国家之魂。有关社会主义核心价值观提出的背景、理论及内涵将在下文进行详细阐释，这里不再赘述。

3. 理想信念

理想信念是哲学范畴的概念，也是心理学的重要课题，是指人们对一种生活、一种理想、一种理论或一项事业深信无疑、坚定不移、执着追求，并为之实现而勇往直前、努力奋斗的思想、精神和行动。理想信念具有较强的稳定性、亲和性、激励性的特点。人类理想信念是思想道德理想和行为的总开关，体现了人们对美好生活的向往之情。新时代我国理想信念中包含着共产主义远大理想、中国特色社会主义共同理想、中国梦。其中，中国梦的最终目标是建设富强民主文明和谐美丽的社会主义现代化强国。

综上所述，"立德树人"中所立之德包括社会主义基本道德规范、社会主义核心价值观、理想信念三个方面。明确了所立之"德"后，就为社会主义公民的德育培养指明了方向。

（二）树全面发展的社会主义建设者和接班人

十九大报告中指出："要全面贯彻党的教育方针，落实立德树人根本任务，发展素质教育，推进教育公平，培养德智体美全面发展的社会主义建设者和接班人。"这里指明了社会主义建设者和接班人是德、智、体、美全面发展的人才，即德才兼备的人才。

无论是德才兼备的人才，还是德、智、体、美全面发展的人才，其首要品质均为"德"。这里的"德"主要指德育，其与智育之间存在着十分密切的关系。德育为智育指明了人才培养方向，智育人才培养是德育人才培养的基础，德育与智育缺一不可，德育与智育统一在学校的教育活动中，不能偏颇，而学校作为教育机构只有培养德、智、体、美全面发展的人才，才能真正促进教育深化改革，才能加快我国一流大学的建设，也才能最终实现教育的终极目标。

学校所培养的人才不仅要德育与智育出众，还要有着较高的情商和美育、体能。德育与智育的关系中蕴含着情商与智商的关系。德才兼备的人才同样也是情商和智商均衡发展型的人才。情商教育在人才培养中十分重要，是一名人才知道如何"做人"的教育。我国社会进入新时代建设以来，面临着极其复杂的社会环境，人才在成长中均面临着种种困难与挫折，如果人才的德育与智力水平较高，而情商水平较低，那么这种人才在发展中一旦遭遇挫折，就很难振作起来，更别提为社会主义建设事业做贡献了。因此，在人才培养过程中，必须重视人才的情商培养。而情商是人才在进入社会后，为了更好地适应社会的发展，同时，为了不断提升自身的意志培养而形成的品德。只有在教育中注重智商与情商并重，才能在教育中提高人才的综合素质。

除了德育、智育以及情商培养之外，美育和体育也是人才培养的重点。美育不仅使我们认识到外面的世界，还是人的内在素质的体现。自近代以来，美育教育备受关注，成为我国教育的重点。尤其是近年来，我国对美育越来越重视。美育作为学校全面教育的重要组成部分，在学生教育中起着极为重要的作用。美的事物和形象是客观世界的真情和真事的反映，美育能够通过培养学生的审美能力，使学生发现客观世界中的美，不断追求正义和真理。而对正义和真理的追求能够直接提升学生对知识的掌握，从而提升学生的智力。除此之外，美的事物或艺术形式常常需要将形象思维和抽象思维相结合，形象思维的培养有利于开发学生的大脑，从而提升学生的整体智力水平。美育还具有较强的德育引导和怡情、情感引导、文化传承等作用，在人的全面发展中发挥着极其重要的作用。

体育直接关系的人的身体素质，是培养学生德育、智育、美育的基础。培养德、智、体、美全面发展的社会主义建设者和接班人，面对时代的发展和社会翻天覆地的变化，在学习中不能仅仅局限于书本知识，必须进行全面学习，培养学生的自主学习能力，并不断提升学生的实践能力，只有这样，才能将理论知识和实践能力更好地结合起来，才能提升学生的创新意识，贯彻终身学习的理念，不断开发学生的智力，提高学生自身应对社会发展的应用型能力。

立德和树人之间存在着十分密切的关系，其中，立德是树人的前提条件，立德是为了树人，而树人中体现着所立之德。立德是树人的必经之路，而树人则是立德的结果。因此立德和树人之间存在着辩证统一的关系。我国作为社会主义国家，所培养的人才是全面发展的社会主义建设者和接班人，而社会主义建设者和接班人必须树立社会主义核心价值观。只有在人才具备社会主义核心价值观的基础上，才能结合其他条件开展树人活动，才能真正培养出德、智、体、美、劳全面发展的社会主义建设者和接班人。

二、新时代"立德树人"理论的行动要求

新时代"立德树人"应当从学校内部和外部两方面着手。

（一）在学校内部，加强以德树人

学校内部应通过加强教育者对"立德树人"的重视、家校合作促进学生的成长、完善学校内部"立德树人"的相关机制加强以德树人。

1. 加强教育者对"立德树人"的重视

教师队伍是"立德树人"目标实现的重要途径，在"立德树人"终极目标实现的过程中，教师起着十分重要的作用。教师作为教育的主体以及实施"立德树人"的主体，教师自身的道德水平，以及对"立德树人"的认识是新时代"立德树人"理论的重要保障。新时代"立德树人"理论的行动要求中对教育者提出了较高的要求，即加强对"立德树人"的认识，不断提高自身修养。

作为教育者，在注重自身道德修养的同时也要注重学生的道德修养水平。学生作为"立德树人"的主要对象，首先要让学生懂得为什么要"立德树人"以及如何"立德树人"，只有明白了"立德树人"的根本原因，学生才能对学习产生兴趣。在教育活动中，教育者除了对学生进行课堂道德修养教学之外，还应当在教学实践中培养学生的良好道德习惯，让学生在真实的社会环境中锻炼分析问题和解决问题的能力。当学生遇到道德困境时，教育者应引导他们作出正确的道德判断和道德选择。

在"立德树人"过程中，教育者的核心在于育人，在新时代，育人不仅是科学文化知识方面的传授，还是对被教育者的思想政治素质的全面培养。在育人过程中，需要建立全面的育人体系，实现育人主体、育人过程和育人方位的最大化。全面的育人体系的重点在于全员育人。全员育人从高校育人工作的主体来说，要做到人人育人，人人都是育人者。具体来说，要求高校所有的教

职员工，包括专任教师、行政人员、后勤人员都应该有育人的意识和育人的责任。高校大学生的德育教育即为马克思主义理论课和思想政治教育课，然而全员育人则是指除了"两课"教师外，其他文化课程的教师在做好本职工作时也需兼顾育人工作，而除了教学教师外，行政人员要做到"管理育人"，后勤人员要做到"服务育人"。各个部门相互配合，构成育人的统一体，最终形成高校思想政治教育工作的新常态。

2. 家校合作促进学生的成长

学校"立德树人"实现不仅局限于各校内部，还应着眼于家庭教育，并且将家庭教育和学校教育结合起来，共同搭建学校和家庭的互动平台。

家校互动可以成立家校联合协会，为学校和家长提供沟通和交流的渠道。家校联合协会的主要内容既包括对学生的知识辅导，为学生营造良好的学习环境和教育环境，同时又包括对学生进行道德引导。其中对学生的道德引导是家校互动平台的主要职责。家校互动应以学校为主，以家长为辅，共同对学生的思想道德进行引导，共同促进学生的健康成长和成才。

3. 完善学校内部"立德树人"的相关机制

学校是实现"立德树人"的主要场所，在实现"立德树人"的过程中，学校应当建立健全"立德树人"的工作机制。具体来说，学校应当不断完善学校的领导体制、激励机制以及保障机制。健全和完善学校领导体制是学校"立德树人"有效机制形成的关键。一方面，学校应结合学校的实际，建立专门的"立德树人"领导小组，并做好资源调配方案制定以及行动的监督，为学校实施"立德树人"奠定基础；另一方面，学校应当充分发挥校内各个成员的作用，将"立德树人"贯穿于学校的各个部门，实现"立德树人"的全员教育。

除了建立健全完善的学校领导体制之外，还应建立健全"立德树人"的激励机制。激励机制是实现"立德树人"的有效手段，能够充分提升"立德树人"参与人员的积极性，激发学生的兴趣和动机，从而使学生自觉完成"立德树人"的各项任务。学校"立德树人"的激励机制具体包括关怀激励、榜样激励和奖惩激励三个方面。

"立德树人"的保障机制是指学校的领导和管理部门。在"立德树人"的过程中，为了确保"立德树人"工作的正常有序进行和"立德树人"计划的有效落实，学校应为"立德树人"实施过程中的经费、师资等提供各种保障。"立德树人"作为新时代人才培养的目标，是一项极其复杂的工作，需要学校建立"立德树人"的保障机制。具体包括建立健全"立德树人"的制度保障体系，不断加强师资力量，获得全体师生的认同和支持，并且逐步完善学校的考核标准。唯其如此，才能确保"立德树人"目标的最终实现。

（二）在学校外部，营造良好的"立德树人"的氛围

"立德树人"是我国培养德、智、体、美、劳全面发展的社会主义建设者和接班人的重要途径。对于人才培养的终极目标，"立德树人"的实现不能仅仅依靠学校的力量，还必须依靠全社会的整体力量。具体来说，新时代"立德树人"还需通过优化社会环境、提升学生的自我教育等途径实现。

1. 优化社会环境

社会环境对"立德树人"目标的实现起着极其重要的作用，"立德树人"的实现离不开社会环境的优化，而良好的社会环境则可以为学生提供积极向上的氛围，对"立德树人"的实现具有较强的推动作用。

"立德树人"良好社会环境的构建需要逐步完善社会主义市场经济体制，倡导社会主义核心价值观，加强互联网信息传播内容的管理。

改革开放以来，我国坚持进行社会主义市场经济改革，已经初步建立了社会主义市场经济体制。社会主义市场经济体制的建立需要遵循市场经济的一般规律，不断提高市场化水平。与此同时，社会主义市场经济体制的建立离不开对社会公民的道德导向，社会公民的道德水平越高，社会主义市场经济就越强，因此在完善社会主义市场经济体制的过程中，学校外部应当为学生构建积极健康的社会经济环境，从而引导学生在社会主义市场经济体制下形成良好的道德品质，从而为我国"立德树人"的实现提供保障。

近年来，随着经济全球化的深化发展，世界各国联系越来越紧密，在多元化背景下，许多西方国家的价值观凭借互联网信息传播系统传入我国，并对我国公民的价值观产生影响。青少年是未来国家建设的主要力量，在未来国家综合实力水平的提升中起着重要作用。青少年由于心理发展的特点，人生观和价值观还未完全成熟，极易受到外界观念的冲击。在多元文化发展的时代，只有帮助学生树立正确积极的社会主义核心价值观，并且将社会主义核心价值观的要求融入学生日常生活和学习的方方面面，使其成为学生日常生活的行为准则，同时加强对学生思想道德的引导，才能帮助学生树立坚定的正确的价值观。

随着信息技术的发展，互联网已经成为人们相互沟通和交流的重要手段，以及学生获取信息的主要渠道。在学校"立德树人"过程中，加强对互联网信息传播的监管力度，杜绝不良信息传播，为学生营造一个良好的网络环境，同时借助互联网传播"立德树人"的知识，能够促进"立德树人"更好更快实现。

2. 提升学生的自我教育

家庭是社会的基本单位，家庭教育在青少年教育中起着十分重要的作用。将家庭教育纳入学校教育，构建家校互动平台，能够促进"立德树人"根本任务的实现。家校平台的构建已在上文中有所阐释，这里不再赘述。

学生的自我教育是实现"立德树人"的重要途径。学生作为教育的主要对象，无论在学校教育还是在家庭教育和社会教育中，都应充分发挥学生的主观能动性，让学生参与到"立德树人"的过程中来，逐渐培养学生的自我教育能力。学校教育者应当尊重学生的主体地位并肯定学生的主体性，在教育教学中以平等的态度对待学生，增强学生自觉提升道德修养的积极性和主动性。具体可以通过强化学生的自我教育意识，加强学生的自我教育管理以及创新学生自我教育方法，为学生营建良好的自我教育环境四个方面来实现。

第二章
师范教育中的核心内容:"立德树人"

第二章　师范教育中的核心内容："立德树人"

第一节　师范教育中"立德树人"的内涵及重要价值

师范院校是培养教师的主要途径，也是以"立德树人"价值导向作为人才培养的基础。师范教育作为高等教育的重要组成部分，其任务即为"立德树人"、为社会培养思想品德过硬的高素质人才。本节主要对师范教育中"立德树人"的内涵和重要价值进行详细阐述。

一、师范教育"立德树人"内涵的特殊性

"立德树人"作为教育的根本任务，明确了"培养什么人，如何培养人"等的问题，为师范教育的深化改革和人才培养指明了方向。师范院校作为专门培养教师人才的学校，"立德树人"的内涵与和其他学校"立德树人"的内涵之间既存在共同点，又存在差异性。

师范院校"立德树人"内涵与其他院校"立德树人"内涵之间的共同点主要体现在一般院校的"立德树人"内涵是师范院校"立德树人"的基本内涵。除此之外，师范院校"立德树人"内涵还具有特殊性。师范院校必须要深刻认识到"立德树人"中蕴含的一般内涵和特殊内涵，并且将二者完美结合起来作为师范院校办学的目标，只有这样，才能较好地完成师范院校人才培养任务。具体来说，师范院校"立德树人"内涵的特殊性主要表现在"立德""树人"两个方面。

（一）师范院校"立德"内涵的特殊性

师范院校作为培养各级各类教师的院校，"立德"的特殊性首先表现在树立良好的师德方面。师德是教师在从事职业活动时应该遵循的行为准则，具体来说，教师职业行为中的道德规范主要包括职业行为中的道德规范、师生关系中的道德规范、人际关系中的道德规范等。其中，教师职业行为中的道德规范主要包括爱岗敬业、严谨治学、诲人不倦等。师生关系中的道德规范主要包括关爱学生、教书育人、为人师表。人际关系中的道德规范主要包括关心集体、团结协助、清廉正气。

23

对教师职业群体来说，良好的师德是教师的立身之本。教师不仅是学生知识的传授者，还是学生树立道德价值的领路人，对学生价值观和人生观的树立具有较大影响。一名合格的教师在道德上必须合格，必须成为以德施教、以德立身的楷模。良好的师德中的"德"与我国优秀传统文化中的"仁、义、礼、智、信"息息相关。优秀传统文化中的"仁"包含着关照他人，以仁爱之心为他人着想的思想，反映在师德中则为教师在教学中应当关心和爱护学生，与学生建立良好而和谐的师生关系。"义"包含着在别人困难时及时出手帮助他人的含义，反映在师德中则为教师在教学中应及时发现学生的困难，做学生的良师益友，及时帮助学生解决困难。"礼"则表示对人的尊敬之意，反映在师德中则是教师在与学生交往时，应保持平等姿态，对学生动之以情，晓之以理。"智"包含知识、智慧之意，反映在师德中则为教师在教学中应当勤勤恳恳，不懈怠，不偷懒，不断提升专业水平，对待教学认真负责，从不敷衍。"信"包含诚信之意，反映在师德中则为教师在教学中应以诚信对待学生，言出必行，为学生树立良好的诚信榜样。

在培养师范人才时，师范院校不仅应将"立德"作为培养人才的关键任务，在教学中注重培养学生的高尚道德情操、帮助学生树立良好师德，还应将"立德"作为自身要求，以自身作为表率，对师范院校学生进行潜移默化的影响，帮助学生养成良好的师德。

（二）师范院校"树人"内涵的特殊性

师范院校作为培养未来教师的主要机构，所培养的教师不但应当具备良好的师德，而且应当具备良好的教学素养和教学能力、扎实的专业知识和较高的综合素质。教师作为学生知识上的引路人，其自身的知识储备必须远远超过传授给学生的范围，唯其如此，才能实现教学目标，在教学中取得较好的效果。因此，教师职业的特殊性决定了教师不仅应当具备专业教育和教学知识与能力，还必须具备较为广博的通用知识和跨学科知识，以及丰富的人生智慧，以便在学习上和生活上给学生提供种种帮助，在教会学生课本知识的同时，培养学生德、智、体、美、劳的全面发展。从这一角度看，师范院校"树人"的特殊性主要表现在以下三个方面。

1. 培养学生掌握扎实的专业知识，形成开阔的学术视野

师范院校所培养的学生是未来的人民教师，而未来的人民教师承担着传道授业解惑的教育重任。因此，师范院校所培养的学生必须具备扎实的专业知识。在教学中，师范院校教师应激发学生对本专业学习的兴趣和热情，引导学生积极学习本专业知识，积极探索本专业的学术问题，并且帮助学生了解本专业的前景，使学生形成开阔的学术视野。唯其如此，师范院校所培养的学生才能在走上教师岗位后保持对本专业的激情，不断进行专业领域的研究与深造，在专业研究领域有所建树。对师范学生来说，专业知识和专业教育不仅是未来走上教师工作岗位后其教学质量和教学水平的保障，还是未来教师专业发展的基础，在师范教育中起着十分重要的作用。

2. 培养学生掌握过硬的教学技能

师范院校所培养的学生毕业后大多以教师为职业，走上讲台，成为一名人民教师。而作为一名未来的人民教师，学生仅仅掌握扎实的专业知识，形成开阔的学术视野还远远不够，必须具备过硬的教学技能。教学活动是一种十分复杂的活动，教师在教学活动中，既是知识的输出者，又是知识的输入者。一方面，教师在教学活动中将已获得的专业知识在教学实践中传授给学生，而由于同一个班级的学生的认知水平、学习动机、学习能力、学习兴趣等均不相同，因此，教师在教学活动中必须在专业教育理念的指导下运用专业的教育方法，激发学生的学习兴趣和学习热情，以便达到较好的教学效果，实现教学目标。从这一视角看，教师是知识的输出者。

另一方面，在教学活动中，教师必须将已有的专业知识、教育理论、教学方法等与实际教学情境相结合，在这一过程中，教师在进行知识输出的同时，还在锻炼教师的普通话技能、板书技能、沟通能力、演讲能力、多媒体运用能力等综合能力，并且在教学中，教师需要进行深刻的反思，从而使其知识和技能得到锻炼和升华。从这一视角看，教师是知识的输入者。

3. 培养学生在教书育人中必备的沟通和管理能力

师范院校所培养的未来教师的主要教育和教学对象为学生。学生作为独立的个体，具有较强的思想性，拥有独立的人生观和价值观。不同学生对待学习的态度不同，在学习过程中面临的困难也不相同。教师作为学生学习上的领路人，并非只是在课堂上机械地进行课本内容传授，而是必须与学生进行心与心的交流和碰撞。因此，教师必须具备较强的沟通能力，能够通过与学生的沟通和交流，明确学生的内在需求，只有这样，才能对学生进行有效引导，从而达到"立德树人"的教育目标。此外，教育活动是一项涉及多个方面和多个主体的复杂活动。教师在教书育人的过程中不仅承担着教学活动任务，还需要对学生事务进行管理。从这一视角看，师范院校所培养的人才必须具备较强的沟通能力。

（三）新时代师范院校"立德树人"的内涵

在了解了师范院校"立德""树人"内涵的特殊性之后，在这里主要对新时代师范院校"立德树人"的独特内涵进行阐释。新时代师范院校"立德树人"内涵主要包括以下几个方面。

1. 加强师范院校学生的思想政治教育，培养学生的良好师德

新时代师范院校应加强学生的从教理想信念和从教使命感教育。从教理想信念是教师综合素养培养中的核心理念，师范院校培养的是未来人民教师，而未来人民教师肩负着为国家和未来培养人才的重要使命和责任。因此，师范院校应加强学生的思想政治教育，培养学生的中国特色社会主义核心价值观，使师范学生成为中国特色社会主义的坚定信仰者、支持者、捍卫者和实践者。加强学生对社会主义核心价值观的思想认同、道德认同、理论认同、情感认同，引导师范学生树立崇高的职业信念，使师范学生将教师作为实现人生价值和人生目标的重要职业，努力成为社会主义教育事业的建设者和改革者。与此同时，师范院校还应加强学生的师德培养，培养学生良好道德素养，不断提升学生的人格品质和人格魅力。唯其如此，才能为师范院校"立德树人"教育目标的实现奠定思想基础。

2. 强化学生专业知识技能，提升学生从教的专业素养

新时代师范院校"立德树人"中应加强学生的专业知识和技能的培养，包括加强师范院校学生的专业知识培养和提升师范院校学生的师范技能培养两个方面。一方面，师范院校以专业教师人才作为培养目标，必须注重学生的专业知识培养。专业知识不仅是师范生未来从事教学工作的基础，还是其作为教师专业发展的基础。无论从教师职业本质来看，还是从教师个人未来职业发展来看，均是师范生学习的重点。另一方面，教育教学活动作为一项复杂活动，要求教师必须掌握专业的教育理念，使用专业的教学方法对学生进行教学，以确保教学效果。如果师范院校学生仅仅掌握专业知识，而不注重教育技能训练，则会出现授课水平低、教学效果差的严重后果。

3. 培养学生的创新精神，提升学生的综合素质

现阶段，我国教育制度正处于深化改革时期，新时代师范院校所培养的师范生必须符合时代要求，具有较强的创新精神和综合素养。师范院校培养的学生作为未来人民教师，是我国教育改革的主要推动力量。作为新时代师范院校培养的师范人才，不能仅仅满足于教书育人的人才标准，还应具备创新意识、开拓精神、开放意识。这一点可以通过丰富的课外活动和创新科研活动实现，培养学生的改革创新精神，紧跟我国基础教育改革的步伐。

除了培养学生的创新精神之外，面对经济全球化的趋势、终身教育时代和知识时代的到来，在"立德树人"教育理念确立以及我国社会经济改革日益深化等社会背景和教育背景下，师范院校在培养师范人才时应加强对学生综合素质的培养，坚持理论学习和社会实践相统一，思想政治文化与专业知识和专业技能并重，朝着德、智、体、美、劳全面发展的方向不断提高学生的综合素质教育。

二、师范教育中"立德树人"的价值

新时代师范教育中坚持"立德树人"，具有十分重要的价值，主要表现在以下几个方面。

（一）有助于师范院校落实"立德树人"的根本任务

党的十八大报告中将"立德树人"作为教育的根本任务，为我国各级各类教育目标的确定指明了方向。师范院校中坚持"立德树人"教育理念有利于培养德才兼备的教师人才，落实"立德树人"的任务。

师范院校中贯彻"立德树人"理念有助于提升师范生的专业知识水平和专业技能，让师范生学会如何教书。除此之外，师范院校中贯彻"立德树人"理念不仅能够提升学生的专业教育技能，还能够提升学生的师德水平。师范院校所培养的教师不仅承担着传授知识的责任，还承担着育人的功能。教师作为教学主体，与学生相处时间较长，其一言一行均对学生起着潜移默化的影响。而师范生要想在未来教育生涯中实现育人功能，就必然要具备良好的职业道德水平，只有这样，才能够引导学生养成良好的道德素质，才能在教学中通过高尚的人格对学生产生潜移默化的影响，从而不断提升学生的整体素质，最终实现教书育人的目标。

（二）能够全面提升师范生的综合素质

新时代师范院校的师范生是未来我国教育改革的中坚力量，也是未来我国基础教育人才培养的关键力量，还是我国构建高素质专业化创新型教师队伍的关键。因此，新时代师范生的整体素质直接关系着我国未来教育发展方向和我国教育改革成果，甚至关系着我国整体综合国力。因此，新时代师范院校的师范生只有具备较高的综合素质，才能确保我国基础建设和改革目标的达成。新时代师范院校师范生应具备较好的知识素质、能力素质、道德素质和师德素质。"立德树人"理念的确定有利于提升师范生的道德素质，使师范生在具备社会公德、家庭美德、个人品德的基础上，形成爱岗敬业、诲人不倦、无私奉献的职业道德素质。"立德树人"理念的确定有利于提升师范生的知识素养，师范生未来所从事的教学工作是一项以知识输出为主的工作，师范生本身只有具备较高的知识素养和广阔的知识视野，才能保证知识输出的状态，才能满足教学需要。在"立德树人"理念引导下，师范院校能够加强对师范生的专业知识和综合知识的培养，不断更新师范生的知识，完善师范生自身的知识结构，为打造新时代高素质专业化创新型教师队伍奠定基础。"立德树人"理念的确定还有利于促进师范生能力素质的提升。师范生的能力素质培养不是一蹴而就的，而是将理论知识与实践知识相结合的一个逐渐积累的过程。在这一过程中，师范生必须保持足够的信心、耐心和恒心，在课堂学习和实习过程中不断提升自身的研究能力、实践能力和创新能力，最终提升其整体能力素质，为未来的职业发展和职业水平的提升奠定基础。

（三）能够实现社会主义精神文明建设

社会主义精神文明建设是以马克思主义为指导的思想道德建设和教育科学文化建设。社会主义精神文明中的社会主义思想道德建设主要包括爱国主义、集体主义、社会公德、职业道德、家庭美德建设等，社会主义思想道德建设是我国人民建设中国特色社会主义的共同思想和坚持正确的世界观、人生观、价值观的基础。社会主义精神文明建设中教育科学文化建设则是我国社会主义物质文明建设的重要条件和提高人民群众思想道德水平的重要条件。

师范教育中坚持将立德树人作为教育教学的任务和目标，能够提升师范生的专业知识、教育专业技能和思想道德水平，从而提升我国未来基础教育师资水平，促进基础教育质量的提升。而我国基础教育教育质量的提升能够直接提升我国教育科学文化建设。除此之外，教师职业作为传播人类文明知识的行业，被人们赋予了较高的期望。

教师被誉为"人类灵魂的工程师"，他们用渊博的知识和高尚的道德培养人类的灵魂。师范教育中坚持将以德树人作为教育教学的任务和目标，有利于师范院校加强对师范生的师德教育，促进师范生形成良好的师德；有利于为师范生在今后的教师岗位上遵循教师职业道德，用高尚的道德情操感染学生，帮助学生形成正确的人生观、世界观和价值观奠定基础，推动形成良好的道德风气，从而促进社会主义精神文明建设。

第二节 师范教育中"立德树人"的基本原则

师范教育中将以德树人作为教育教学的任务和目标，对我国师范教育的发展、基础教育的发展以及社会建设等多个方面有着极为重要的意义。本节主要对师范教育中"立德树人"的基本原则进行详细阐述。师范教育中坚持"立德树人"为根本，结合我国高等师范院校的改革方向，在师范教育中应践行社会主义方向和培养目的，坚持德育首位原则、知行合一原则和以生为本原则。

一、师范教育中"立德树人"的德育首位原则

教师是人类灵魂的工程师，是社会教书育人职责的主要执行者和实践者。在师范教育"立德树人"中应将德育教育放在首位，培养师范生的高尚师德和师风。新时代师范教育中师范生师德教育的内容主要包括中国特色社会主义理想信念教育、个人品德养成教育、教师职业道德规范教育、现代教育理念教育等。

（一）中国特色社会主义理想信念教育

新时代中国特色社会主义理想信念教育是新时代师范生师德教育的重要内容。理想信念作为个体的精神领域的核心内容，对个体精神境界的提升和高尚人格的塑造起着十分重要的作用；理想信念还可以将人的精神生活的各个方面统一起来，将人的精神世界构建为健康有序的系统，从而保持心灵的安宁与和谐。师范生作为未来的教师，应当树立坚定的理想信念，将教育事业作为毕生

的事业,唯其如此,师范生才能在走上教师工作岗位后坚持学习,保持教育激情,为教育事业做出贡献。中国特色社会主义理想信念是实现中华民族伟大复兴的中国梦的基础。师范生唯有树立中国特色社会主义理想信念,才能加强中国特色社会主义理论学习,从而成为热爱社会主义事业的接班人和社会主义建设者。

(二)个人品德养成教育

个人品德养成教育是新时代师范生师德教育的核心内容,这与教师的职业属性有着直接关系。教师职业是一个极其特殊的职业,教师不仅是人类知识和文化的传播者,还是人类文明社会进步的桥梁和纽带,教师职业的这一特点决定了教师必须具备高尚的情操和社会正能量,才能确保教育的积极效果。教师还承担着育人的重要作用,是学生人生路上的指引者,因此教师必须具备较高的道德素养,才能培养出具有高尚道德的学生。教师职业与其他职业不同之处还在于教师育人工作没有明确的时间界限,其他职业的时间性相对较为鲜明,上班时为处理工作时间,下班后不再处理与工作相关的事宜。然而教师育人工作即使在下班后也不会停止。俗话说,十年育树,百年育人,育人工作是一个长期性、见效较慢的工作。教师作为育人工作的实践者,育人成效较慢,教师只有对学生进行长期付出,才能看到教育效果。然而教师作为学生成长路上的阶段性指引者和陪伴者,在育人成果显现后,学生成才后不一定会记得教师或对教师表达感激之情,这就需要教师具备无私奉献和不图回报的高尚情操。鉴于教师职业的特点,新时代师范生的师范教育中应加强对师范生的个人品德养成教育,引导师范生树立高尚的个人品德。

(三)教师职业道德规范教育

教师作为一种职业,必须遵循相应的职业道德规范,教师职业道德规范是新时代师范生师德教育的重点。师范生要具备良好的师德,首先应对包括热爱教育、爱岗敬业、关爱学生、诲人不倦、教书育人、以身立教等在内的教师职业道德规范进行详细了解。在了解了教师职业规范后,师范教育应通过课堂教育和课外实践教育两种方式不断加强师范生的职业道德规范教育,促使师范生将职业道德规范不断内化为个人道德素养,并在走上讲台成为职业教师后,自觉遵守教师职业道德规范,不断提升教师的师德。师范院校的师范生毕业后大多进入基础教育领域从事教学工作,因此,根据师范生未来教学方向,师范院校应以《新时代高校教师职业行为十项准则》《新时代中小学教师职业行为十项准则》《新时代幼儿园教师职业行为十项准则》等作为师范生职业道德规范教育的培养材料,从而对师范生进行教师职业道德规范教育。

(四)现代教育理念教育

师范生师德教育中的现代教育理念教育是由师范教育的时代性特点而决定的。师范教育作为培养未来教师群体的教育,其面向的是未来社会对教师人才的需要。随着社会经济的发展和科技的快速发展,人类已进入知识经济时代。在知识经济时代,知识的迭代速度越来越快,教师作为未来教育的主体,必须具备现代教育理念以及持续学习精神和学习能力,才能确保在未来不被社会所淘汰,才能确保教师教育理念适应社会发展的需要,培养出适应社会需要的人才。因此,师范教育中对师范生的师德教育应包括现代教育理念教育。现代教育理念一方面体现在师生关系方面,要求师生之间保持和谐的关系,关心和爱护学生,并且在教学中坚持以学生作为主体,围绕学生的需要进行教学设计;另一方面体现在教学过程中,根据学生的知识结构和社会未来发展趋势,在教授学生通用知识的同时,创造性地教授学生新知识。唯其如此,才能在师范教育中和未来师范生走上教师岗位后完成"立德树人"的任务。

二、师范教育中"立德树人"的知行合一原则

师范教育中坚持"立德树人"的教育根本任务应坚持知行合一的原则。我国"立德树人"教育理念自提出以来,在各级各类学校中进行推广,我国学校,尤其是师范类院校中的德育工作取得了较大成就,在肯定师范院校德育工作成就的同时,也应看到师范类的高校中仍然面临着许多挑战,主要表现在重认知教育,轻实践教育,重理论灌输,轻行为养成,重德育教育数量,轻德育教育质量等。这些挑战直接影响着我国师范教育中"立德树人"根本任务的落实。因此,在师范教育中"立德树人"应坚持知行合一的原则。

知行合一是中华优秀传统文化的精髓,我国古代许多思想家、教育学和哲学家对知行之间的关系进行了详细阐释,其中以明代哲学家王阳明提出的知行合一理论最具代表性。王阳明提倡知行合一的目的是要人们把道德落实到行动上,而不是停留在口头上,所以他反复强调,只会说些孝悌的话并不是真正的孝悌,用现在的话讲,就是要做到言行一致,认识与行动相联系,理论与实践

相结合。①知行合一的思想中包含着中华优秀传统哲学特色，也蕴含着丰富的中华伦理道德价值。在新时代师范院校"立德树人"中坚持知行合一原则能够将师范生的道德理论培养与道德实践培养结合起来，从而加强师范生的道德修养，培养德才兼备、知行合一的未来人民教师。

近年来，随着新一轮科技革命以及经济全球化、知识经济时代的到来，社会价值观呈现出多元化特点，在这一社会背景下，师范院校学生受到多种社会价值观的冲击，这使得新时代师范院校学生的思想呈现出独立性和依赖性并存、自由性和开放性明显的特点。而运用知行合一的原则能将理论教育与实践教育相结合，能够激发学生的学习兴趣，提升教育教学效果。

在师范教育"立德树人"中贯彻知行合一原则可从教育理念、教学方法、教育考核和评价机制等方面入手。师范教育中包含着职业道德教育、专业知识教育和技能教育、其他综合素质教育等，这些教育中许多知识均需要进行内化，转变为师范生的内在理念，才能对师范生的行动进行指导。例如，师范教育中的职业道德教育只有将职业道德知识通过师范生的情、意共振，转化为其内在的道德思想，才能用其来指导教育实践。从教育理念看，只有坚持知行合一的教育理念，才能实现师范教育目标，完成"立德树人"的根本任务。从教学方法上看，师范教育中需要将传统的知识灌输教学方式向渗透型教育方式转变，将理论教育与实践教育结合起来，才能不断提升教学效果。从机制上看，师范教育"立德树人"中贯彻知行合一原则需对传统的师范教育考核机制进行改革，将实践教育纳入师范教育考核体系，完善师范教育知行合一评价机制，从而培养出德才兼备、知行合一的优秀师范生。

三、师范教育中"立德树人"的以生为本原则

师范教育中坚持以生为本是指在师范教育教学中遵循教育规律，充分尊重学生的主体意识和主体地位，在此基础上全面培养学生的德、智、体、美、劳整体素质，关注学生的全面发展、和谐发展、可持续发展和终身发展，最终实现"立德树人"的任务。师范教育是培养未来教师的教育，未来教师的则是未来我国教育的重要支撑者、建设者和实践者。在"立德树人"视域下，师范教

---

① 汤一介. 中国传统文化的特质[M]. 上海：上海教育出版社，2019：125.

育应坚持以生为本原则,确保师范教育中切实做到一切为了学生,为了一切的学生和为了学生的一切。具体来说,师范教育中坚持"以生为本原则"可以从以下三个方面着手。

(一)坚持以师范生的全面发展作为教育目标

党的十九大报告中,习近平总书记明确指出:"要全面贯彻党的教育方针,落实立德树人根本任务,发展素质教育,推进教育公平,培养德智体美全面发展的社会主义建设者和接班人。"师范教育中以生为本的教育原则要求在教育教学中确立学生的主体地位,围绕学生的发展需要对学生各方面的能力素质进行全面培养。师范院校教师在教学中应摒弃教师中心制,坚持学生中心制,一切从学生的未来职业需要和个人发展需要出发,进行课程安排。以生为本的教育原则能够确保师范教育中教育理念的确立、教学方法的选择、教学实践的开展和教学评价体系的构建均为以学生的全面发展作为基础,从而促进学生的全面发展。

(二)坚持情感育人的教学方法

以生为本的原则要求师范院校在教育中坚持尊重学生、关心学生、理解学生、鼓舞学生、服务学生,教师在教学中应与学生之间建立平等关系,注重在教育教学中加强与学生的情感交流,采用情感育人的教学方法。情感育人突出了教师对学生的人文关怀,强调了教师在教学中应根据学生的身心发展规律和精神实质,从学生需要出发,真诚地帮助学生解决问题,用积极的情感对学生进行正面教育,从而塑造学生的健康人格。在师范院校中,教师应坚持情感育人的教学方法,用高尚情操和积极情感对学生进行潜移默化的影响,从而对学生今后的学习产生积极作用。

(三)坚持外界引导和自我教育相结合的理念

师范教育是一项特殊教育,是培养未来教师的教育。在这项教育中,不仅应培养教师的专业技能和技巧以及专业道德素养,还应从教师未来发展的角度入手,培养师范生将教育事业作为终身事业的信念,以及师范生在走上教师岗位后的专业发展的能力。教师是一项实践性较强的职业,在师范生教育中,除了师范学校等外界对学生的引导外,师范生自身还应进行大量自我教育。包括自我道德教育、自我实践教育和自我职业规划等。因此,师范院校在对师范生进行日常教育的同时,还应坚持以生为本原则,从师范生角度出发,为师范生创设良好的自我教育环境，以实现"立德树人"的目标。

第三节　师范教育中"立德树人"的实现路径

师范教育作为未来教师教育，直接关系着我国未来教育的质量，在"立德树人"视域下，师范教育"立德树人"教育目标可通过以下几个方面实现。

一、师范院校凝聚育人共识，加强顶层设计

师范生的培养是师范院校的主要职责所在，为了在师范教育中实现"立德树人"教育目标，师范院校须统一教育理念，凝聚育人共识，确立育人的核心目标，并围绕这一核心目标加强师范院校顶层设计，构建完善的师范教育体系。师范院校作为我国高等教育人才培养机构，承担着人才培养、科学研究、服务社会和文化传承创新的重要职能。为了实现"立德树人"的目标，师范院校在顶层设计中应当纳入"立德树人"的理念，通过构建完善的育人制度，践行服务育人理念，从而完成师范院校"立德树人"的教育任务。

教育制度是确保教育活动有序开展的基本保障，在师范院校建立完善的教育制度是实现"立德树人"根本任务的关键。具体来说，"立德树人"视域师范院校教育制度的建立的重点包括课程教学育人体系、班级管理制度、学生考核评价体系等。

（一）课程教学育人体系

课程教学育人体系是指通过课堂、课程和课本等共同构建完善的理论教育体系，对学生进行思想、政治、道德等知识的传授。课程教学育人体系是实现"立德树人"教育任务的前提。通过完善的课程教学育人体系，可以构建具有特色化的德育课程体系，提高师范学生的思想政治素质，引导学生积极践行社会主义核心价值观和树立正确的理想信念，从而确保师范院校德育体系的构建。课程教学育人体系的建设为师范院校思想政治理论课程建设和德育思想教育提供了完善的组织保障、物质保障、人才保障、教学方法保障，从而不断提高人才培养质量，为培养有道德的师范生奠定了基础。

（二）班级管理制度

师范院校的学生是正在不断成长和发展的青年群体，他们的心理发展正趋于成熟，已具有较强的认知判断能力，思维活跃，其思想受时代的强烈影响，同时又具有鲜明的个性。随着社会改革的深入，我国师范院校学生面临着发展压力、就业压力和生活压力等多重压力，未来社会的不确定性使学生感到前所未有的迷茫和恐惧。这时完善的班级管理制度可以为学生指明方向，有利于学生的成长和成才。师范院校中构建了较为成熟的辅导员制度，要求辅导员对学生进行关心和关注，积极研究班情和学情，与各学科任课教师通力合作，通过制订完善的班级管理制度，及时对学生的学习、生活和思想进行关注，帮助学生解决困难，及时化解矛盾，维护校园的稳定，并以高尚的道德情操对学生产生潜移默化的影响，共同推动学生的成长和发展。

（三）学生考核评价体系

学生考核评价体系是学校构建的、能够较为科学地反映学生各方面素质的指标体系，它能够引导学生成长和成才。师范院校培养的是满足未来教育改革和教育发展的教师人才，在"立德树人"视域下，师范院校应构建包括对师范生思想政治素质、科学文化素质、教育素质、身心素质、综合能力素质为一体的完善的考核评价体系。其中，思想政治素质要求对师范学生的思想意识、师德素质等进行考察，培养具有坚定的社会主义、爱国主义、集体主义和高尚师德的学生。科学文化素质在这里主要指师范生的专业素质，师范生在教育教学中不可避免地要对中小学生进行专业教育，因此师范生的专业素质评价是学生考核评价体系的核心内容。教育素质是指师范生教育教学的能力。师范生的教育素质直接关系到师范生教育水平和教育质量。因此，教育素质是师范生考核评价体系的重要组成部分。身心素质是指人的体质和体力，师范生作为未来社会的教师，需要具备良好的身体素质，才能有适应繁重的教学工作和教学任务。此外，师范生在未来的学习、工作、生活中会遇到各种各样的困难、挫折和障碍，需要师范生保持良好的、健康的心理素质，从这一视角看，师范生的身心素质是未来师范生工作和生活的保障，也是师范生考核评价体系的重要内容。在"立德树人"视域下，我国教育的培养目标是培养有思想、有道德、德智体美劳全面发展的人才。师范生作为未来的教师，必然需要具备相应的素质和能力，因此综合能力素质也是师范生考核评价体系的重要组成部分。

除以上师范院校管理机制之外，为实现"立德树人"目标，我国师范院校还应建立起完善的激励机制，通过关怀激励、榜样激励、惩罚激励等措施，引导师范生树立良好的思想品德，不断提升综合素质和能力。除激励机制之外，还应建立起保障机制，统一全校师生的育人理念，为实现"立德树人"的教育目标提供完善的保障。

二、师范院校深化课程改革，提升课堂育人质量

师范院校课程体系是实现师范生"立德树人"目标的重要途径。在进行师范教育中，通过深化课程改革，不断提升课堂育人质量，具体可从以下三个方面着手。

（一）转变教学理念

教学理念是学校和教师开展教学活动的指导思想，师范院校在师范生培养中应对传统的教学理念进行革新，树立以人为本、全面发展和因材施教的教学理念。

以人为本的教学理念在师院校教育教学中又可称之为"以生为本"，即将学生放在教学的第一位，将重视人、理解人、尊重人、爱护人、提升和发展人的精神贯穿于教育教学的全过程。在教学活动中，学生不仅学习课本知识，还能获得综合素质和综合能力的全面发展。以人为本的教学理念是尊重学生和尊重教师，要求教师在教学中从学生的需要出发进行教学计划设计，在教学中培养学生的多种能力。全面发展的教学理念则是指全面培养学生的德、智、体、美、劳各方面的素质和能力，促进学生的全面和谐发展。因材施教理念则是针对不同类型和不同能力水平的学生，进行有针对性的教学。教学理念改革是师范院校实现"立德树人"目标的关键。

（二）丰富教学内容

教学内容直接关系着学生整体素质的发展，随着我国教育改革的深化和科学技术的不断发展与进步，传统师范院校的教学内容已经不再能适应和满足当代师范生发展的需要，因此师范院校在教育中应进行教学内容改革，不断丰富教学内容。

1. 重视思想政治理论课

思想政治建设是师范院校课程体系的重要组成部分，师范生作为未来社会

的人民教师，其思想政治建设会直接影响下一代思想政治观念的形成。因此，师范院校应加强思想政治理论课程，一方面开设专门的思想政治理论课程，不断丰富和创新思想政治理论课程的方法，激发学生的学习兴趣，引导学生构建正确积极的价值观。另一方面加强师德课程教育，不断通过丰富的师德课程，为师范学生树立正面、积极的榜样形象，引导师范生形成良好的师德师风。

2. **加强专业教学的广度和深度**

专业知识是师范院校学生知识体系的重点，我国师范院校采取专门的科系教育，不同系别、不同专业的学生所学的专业知识不同，对应地教授基础教育中不同学科的学生。因此，师范院校学生的专业知识是未来担任具体科目教学的关键。为了适应新时代教育改革的需要，师范院校专业教育的广度和深度应不断拓展，在拓展学生通用知识面的基础上，加强学生的专业学习，尤其是专业学科前沿理论知识的学习，为师范生走上工作岗位后的专业发展奠定基础。

3. **加强教育专业课程**

师范教育作为一种职业性较强的教育类型，在进行专业学科教育的同时，还应进行教育专业知识教育。这里所指的教育专业知识教育主要指教育理念、教学方法、教学中的通用技能，如板书设计、普通话训练、阅读训练、课件制作等。这些教育专业课程是师范生走上教师岗位后不可或缺的教学技能。传统师范院校中不重视教育专业知识和教育专业技能的训练，导致许多师范生在实习过程中无法掌握种种教学所需要的技能。因此，新时代师范教育中应加强教育专业课程训练。

（三）创新教学方法

教学方法是在教学中使用的具体方法，师范教育改革中的教学方法创新和改革主要包括根据教育教学规律和学生学习特点，采取课堂讲授法、启发式教学法、互动式教学法、合作学习法、实践教学法、多媒体教学法等。课堂讲授是传统教学中常用的教学方法，一般以教师为中心，注重教师的知识讲授。而启发式教学法则是以学生为中心，注重学生在教学活动中的主体性，根据学生的要求和实际情况，积极引导学生参与到教学活动中，并且激发学生的积极性、主动性，引导学生主动发现问题、分析问题和解决问题。互动式教学法则是通过师生互动的形式，激发学生的学习兴趣，引导学生进行知识探索。自主合作探究学习法是近年来备受关注的教学方法，也是常用的教学方法之一。进入 21 世纪以来，随着信息科技和通信技术的发展，互联网在教学中的作用越来越明显，自主合作探究教学模式因其能够充分发挥学习者的主观能动性，提高教学效果，因此受到中外教育学家的重视。我国 2001 年颁布的《基础教育课程改革纲要（试行）》中就倡导自主合作探究学习，我国学者围绕自主合作探究学习进行了大量研究与实践。实践教学法是指通过实践让学生获得知识的方法。这一学习方法将在下文进行系统阐释，在此不再赘述。多媒体教学法是指借助多媒体信息技术，将教学设计中的文本、图像、视频、音频等与课程内容相结合的一种教学方法。多媒体教学法具有较强的直观性和立体性，能够为学生构建良好的教学环境，从而激发学生的学习兴趣，提升学习效果。

教学方法是教学实践得以实现的重要途径，在"立德树人"视域下，教学方法改革与创新是提升教学效果和实现教学目标的必由之路。

三、加强师范院校教师队伍建设，提升教师师德

教师是实施"立德树人"的主体，师范院校"立德树人"目标的实现离不开教师队伍建设。师范院校作为培养未来教师的专业院校，教师整体素质和能力不仅直接关系到"立德树人"的成效，还直接关系到我国未来教师队伍的素质和水平。在"立德树人"视域下，加强师范院校教师队伍建设应从以下几个方面入手。

（一）树立教师坚定的马克思主义信仰

师范教育中坚持落实"立德树人"任务和实现"立德树人"目标，首先应培养学生的马克思主义信仰，相应地我国师范教师队伍建设的关键之一就是树立教师的马克思主义信仰。我国是社会主义国家，坚持马克思主义信仰，学习马克思主义理论是我国师范教育教师树立正确教育观的基础，也是培养学生正确的世界观、人生观和价值观的基础。教师只有拥有坚定的马克思主义信仰，才能充分发挥在"立德树人"中的榜样作用，才能引导学生树立马克思主义信仰。因此，在师范院校教师队伍建设中，应培养和提高教师的马克思主义信仰，从实际出发，正确宣传和贯彻党的路线、方针和政策。在树立了坚定的马克思主义信仰后，教师还应具备深厚的马克思主义理论功底。熟练掌握马克思主义的相关理论，并能够运用这些理论和方法分析问题、解决问题；将马克思主义理论与我国国情结合起来，正确认识毛泽东思想和中国特色社会主义理论

与马克思主义理论间的关系。除此之外，教师还应不断培养和提高运用马克思主义理论分析问题和解决问题的能力。

（二）提升师范院校教师的教学水平

师范院校教师的教学水平直接关系着师范人才培养的成果。加强师范院校教师队伍建设应从教师教学水平入手，不断通过更新教育理念、创新教学方法提升师范院校教师的教学水平。

21世纪是以知识为主要资源，以知识和技术创新的频率不断提升和加快，社会深刻变革为主要特征的时代。20世纪中后期以来，新兴的综合性学科、横断学科和交叉学科不断出现，如环境、能源、生态、材料、海洋、空间等。知识时代的发展要求教师具备更强的知识学习和更新换代的能力，以学科前沿知识及时代替传统教学中的旧有的、被社会淘汰的知识。要求师范院校教师在教学和科研之余，必须进行全新的知识学习，不断丰富知识结构，形成新的知识教育体系。此外，在教学中面对知识时代的新发展和新变化时，教师必须进行教学反思，通过教学反思将原有的知识和教学经验与新知识结合起来，从而不断提升其教学水平。

在知识时代，学生的人生观、价值观、学习观以及学习方式和方法均面临较大革新，尤其是21世纪以来，互联网信息技术被广泛应用于教育。互联网的无限性和快捷性使互联网成为知识时代的新型知识载体，而互联网时代的来临使社会知识创新和技术创新体系呈现出新的特点。当前我国大学生的上网比例迅速攀升，各种教学软件、线上教育资源和知识平台层出不穷，基于信息化和互联网的学习资源正在形成，学生作为学习者，迫切需要学习如何利用新技术和新方法进行学习。而教师作为教育的引导者和辅导者，应具备较强的信息技术应用能力，利用新技术和学科前沿知识建立全新的知识创新技术和创新体系。

除此之外，随着我国教育改革的深化，我国基础教育正在进行深化改革。师范院校所培养的师范生作为未来教育的主体，必须符合未来教育发展的需要。因此，我国师范教育院校教师必须具备创新性教育知识，不断提升教育技能，以实现"立德树人"的教育目标。

（三）培养师范院校教师的良好师德修养

师德即教师的职业道德，师德是教师在长期的教育实践活动中形成的较为稳定的道德观、行为规范和品质的总称。教师是世界上最为神圣的职业之一，被誉为"人类灵魂的工程师"，承担着教书育人、"立德树人"重要职责。师范院校的教师作为培养未来教师的主要教育者，其师德修养不仅会影响到师范生本人，还会对未来广大青少年间接产生影响。因此，师范院校教师的师德修养是建设师范院校队伍的主要因素。

师范院校教师的师德建立应按照高校教育相关制度，结合本校的实际情况，制定本校教师职业道德规范，对教师进行约束。此外，师范院校在培养师范院校教师的师德修养时可通过表彰先进教师、宣传先进教师的事迹等方式，不断营造良好的师德建设氛围和育人环境，从而为师范院校教师整体师德师风的培养奠定良好的基础。除此之外，师范院校还可通过完善和加强师范院校师德评价机制，将师范院校教师的职业道德评价纳入师范院校教师的考核范畴，从而建立学校、教师、学生"三位一体"的师德考评制度，以不断提升师范院校教育的师德修养，确保"立德树人"教育任务的最终实现。

四、师范院校完善教育实践，增强师范生的综合能力

师范教育是一项综合性教育，既包括知识教育又包括实践教育。师范教育中的实习教育是实现"立德树人"的基本途径。

为了完善师范教育实习教育，我国不断进行师范教育实习基地建设。中华人民共和国成立后，我国师范院校根据国家有关政策，采取了建设附属中小学和幼儿园的方式，既提升了当地的基础教育建设，同时也为学生的实习实践做准备。改革开放后，我国各地师范院校进一步加强了实习基地的建设，除了师范院校附设的中小学和幼儿园之外，我国师范院校还加强与各地中学的联系，拓展实习基地建设。例如，浙江师范大学将该校的中文、数学、物理、化学和体育等系每一个系与当地每一所重点中学建立长期的协作关系，使该中学成为相应系应届毕业生的实习基地。这种实习方式有利于促进我国高等师范教育更好地适应中学教育实践，有针对性地根据中学教育实践推动我国高等师范教育改革，同时加强学生的教学实践训练。教育实习基地的建设有力地推动了我国师范教育的教育实践，提升了人才培养质量，为我国师范生综合能力的发展创新奠定了基础。

第三章
"立德树人"视域下师范教育实习综述

第三章 "立德树人"视域下师范教育实习综述

第一节　师范教育实习的综合概述

教育科学是一门应用性较强的学科，教师职业是一种实践性较强的职业。师范生在师范院校所学习的教育规律、教学方法等教育理论知识只有经过教育实践，才能转化为师范生的实践教育工作能力。因此，教育实习是师范教育贯彻理论联系实际，实现教育目标培养的不可或缺的教学环节。本节主要对师范教育实习的概念和价值进行详细阐释。

一、师范教育实习的概念辨析

所谓实习，是指将学到的理论知识拿到实际工作中去应用和检验，以锻炼学习者在工作中应用理论知识的能力。从这一概念来看，实习活动所强调的内涵包括两个方面，一方面，参与实习活动的人员已经掌握了实际工作中的理论知识，另一方面，实习活动人员需要在实习活动中将已掌握的理论知识应用到实践活动中去，并且在实践活动中获得新的认知和感受，从而将这些认知、感受与已经获得的理论知识结合起来，形成独特的工作经验和工作能力。

从这一概念来看，教育实习就是有关教育知识的实习。我国学者从不同角度对教育实习的概念进行了辨析。

我国学者顾明远指出："教育实习是各级各类师范院校高年级学生到实习学校进行的教育教学专业实践的一种形式，包括参观、见习、试教、代理或协助班主任工作以及参加教育行政工作等。"[1]我国学者张念宏则指出："教育实习是师范院校学生参加教育教学实践的学习活动，是体现师范教育特点、培养合格师资的重要教育环节，是各级师范学校教学中不可缺少的组成部分。"[2]

从这两个概念中可以看出，教育实习是高等师范院校教育教学专业的实践

---

[1] 顾明远主编.教育大词典.第11卷[M].上海：上海教育出版社.1991：172.
[2] 张念宏主编；《中国教育百科全书》编委会编.中国教育百科全书[M].北京：海洋出版社.1991：57.

活动，是培养合格师资不可缺少的环节，也是一名师范学生成为一名合格教师的必经过程。由此可见，师范教学实习是指高等师范院校组织的，在实习教师的指导下，实习生能积极主动地运用自己获得的教育理论、专业知识和技能，在实习学校中直接从事教学实践工作和思想教育工作。通过该活动，实习生能进一步加深对所掌握的专业知识的理解，初步掌握从事教育教学工作的实践技能，培养热爱教育事业的思想感情，增强从事教育教学工作的光荣感、责任感和事业心。[1]

师范教育实习是培养师范生专业素质和能力的重要组成部分，强调师范生在教学实践中的学习和认知。师范教育实习一般是由师范学院在学期末或学年末组织的，师范生的集中教育教学专业训练的实践形式是培养中小学合格教师的综合实践环节，能够使师范生的综合素质得到较为全面的锻炼。

二、师范教育实习的理论基础

师范教育实习作为以培养教师为目标的社会化实践活动，是伴随着师范教育的出现而产生的，经过漫长的发展而不断完善，逐渐成为师范教育的主要环节。师范教育实习既是实习生实践性的认识教育过程，又是遵循人类认识的客观规律的过程。师范教育实习的研究是建立在教师学习理论、教师发展理论、教师反思理论、知识结构理论和认知建构主义学习理论之上的。

（一）教师学习理论

教师是教学活动中的施教者，然而近年来随着终身教育理论的提出以及知识经济的到来，知识的更新迭代速度越来越快，终身学习成为全球的发展趋势，对教师学习提出了更高要求。教师学习越来越受到世界各国学者的关注，成为世界各国的共识。

教师学习并非属于近年来的新话题，而是一个自古以来就备受关注和重视的话题。我国自古以来就有"学而不厌，诲人不倦"的说法，教师为了胜任工作，在整个教师生涯中需要持续不断地学习。20世纪80年代，西方对教师学习研究开始重视起来。1985年，美国教育部教育研究与改进办公室在密歇根州立大学教育学院成立了"全国教师学习研究中心"，进一步强化了教师学习领

---

[1] 汪楚雄，杨亚男. 美术教育实习教程[M]. 武汉：华中师范大学出版社，2014：4.

域研究的领导。在《教师教育与学会教学研究》中对教师学习的意义和目的进行了研究，并且成为教师学习理论建构的重要基础。1998年，美国"全国教学与美国未来委员会"发布了《变化中的工作，变化中的学习：工作场所和社区中教师学习的必要性》报告，其中多次强调教师学习的重要性和必要性。进入21世纪以来，教师学习越来越受到世界各国教育者的认可，国外学者从教师专业发展的角度对教师学习的理论和实践价值、教师学习的模式、教师学习与其专业发展的关系，以及教师学习的内容等方面进行了较为全面和系统的探讨。我国国内对教师学习理论也日益关注。

现阶段，国际上流传的教师学习理论主要包括自我导向学习理论、自主学习理论、学习圈理论和情境学习理论四种类型。其中自我导向学习理论强调个体自行借助社会上可以利用的各种资源，自行诊断个体自我的学习需求，并确定学习目标、搜索学习资源、选择合适的学习方法，并对学习的具体效果进行评估。自主学习理论是指学习者的行为具有自主性，能够对学习过程不同阶段进行自我规划、自我指导和自我监控、自我评价。在学习动机方面将自我视为有能力、自我有效和自律者。在行为方面，能够选择、组织和创设环境，从而确保学习效果达到最佳。学习圈理论则指出经验学习是由具体经验、反思性观察、抽象概念化和主动实践学习四个阶段构成，是一个连续的循环过程，从实践中获得的经验必须经过反思才能产生学习。情境学习理论是指学习是个体性意义建构的心理过程，也是一个社会性、实践性和差异资源作为中介的参与过程。知识的意义是在学习者和学习情境的互动，学习者和学习者之间的互动过程中生成的，学习情境的创设致力于将学习者的身份和角色意识、完整的生活经验，以及认知性任务重新回归到真实的、融合的状态，以此解决传统学校教学中的无学习者自我和无学习情境的痼疾。

这四种学习理论均为师范实习生的教育实习提供了理论基础，教育实习就是在真实的教学情境中，对实习生以往所学理论知识进行检验的同时，根据实习实践中遇到的问题去思考和解决问题的办法。

（二）教师发展理论

教师发展理论出现于20世纪60年代，美国学者傅乐在其编制的《教师关注问卷》中揭开了教师发展理论研究的序幕。教师发展理论的研究逐渐成为世界各国教育界关注的焦点。教师发展的概念提出后，中西方学者对这一概念进行了详细研究，并从不同角度对教师发展概念的内涵进行阐释。1975年，西方学者伯奎斯特和菲利普斯认为，教师发展的首要目的是提升教师个人的教学质量，同时也应是综合的，包括教师作为教学者的个人发展、教学发展以及组织发展。其中，教学发展则包括师资培训、课程开发以及教学评价。[1]1976年，西方学者克劳则指出，教师发展的内涵就是全体教师的综合性发展。1984年，西方学者博伊斯则认为，教师发展的内涵就是改进并且着重提高教师的教学质量。1986年，西方学者布兰德则指出，教师发展内涵主要指促进教师的科研活动。1992年，学者赫特库克则指出，教师发展的概念随着时代的变化而不断变化和扩充，而教师教学技能是教师教学发展的重要组成部分。

1998年，西方学者克劳德在总结了其他学者观点的基础上，指出教师发展的主要内涵是关注教师学术、课堂教学和个人职业生涯的发展；目的是保持和促进高校教师个人专业能力的发展，使他们在特定的院校中完成各种任务的项目、活动、实践和策略。[2]1994年，学者迪勒任祖(Dilorenzo)指出，教师发展的内涵是指教师提高任何学术能力的过程[3]。从这些观点中可以看出，西方学者对教师发展的内涵的界定主要指教师的学术发展和能力，考虑教师的个人职业发展方面的问题。随着教师发展理论研究的深入，中西方学者对教师发展的内涵的界定呈现出百花齐放，百家争鸣的现象。教师发展的内涵具有发展性、时代性的特点，在不同国家和不同时期，随着社会需要的变化而不断变化。从总体上来看，教师发展的内涵呈现出逐步扩大的倾向，并且在终身教育理论的指导下不断发展。现阶段的教师发展内涵主要包括教师持续发展和教师专业发展两个重要方面。教师发展理论强调教师职前职后培养的一体化，关注教师的终身化发展过程，强调教师的整体发展和阶段性发展的统一性，关注教师入职阶段的发展，认为教师入职阶段的发展是教师未来专业发展的基础。

---

[1] BERGQUIST W H, PHILLIPS S R. A handbook for faculty development[J]. Faculty Development, 1975(3): 299.

[2] MENGES R J, MATHIS B C. Key resources on teaching, learning, curriculum, and faculty development: a guide to the higher education literature[M]. San Francisco: Jossey-Bass publishers, 1988: 254.

[3] 徐延宇，李政云. 美国高校教师发展：概念、变迁与理论探析[J]. 黑龙江高教研究，2010,(第12期): 50-53.

（三）教师反思理论

"反思"是一个哲学概念，也是一种心理学现象。西方学者洛克指出，反思是对思维的思维，是心灵对个体自身活动的感觉和反省，是一种思维活动与心理活动。[①]美国教育心理学家杜威最早提出反思性思维，指出反思性思维是有意识和受控制的，具有连续性，且有着严密逻辑性、激励作用。杜威还是最早将反思概念应用于教育领域的学者，并提出了教学过程的六个阶段。继杜威之后，美国学者唐纳德·舍恩在其著作《反映的实践者：专业工作者在行动中如何思考》一书中系统地阐述了"反思性实践"和"反思性行动"。之后舍恩又出版了《培养反映的实践者：专业领域中关于教与学的一项全新设计》一书，对教师反思理论进行了较为系统的论述。舍恩的观点引发了全球学者对教师反思理念的关注和讨论。尽管现阶段各国教育界对教师反思理论的内涵仍然存在多种争议，然而教师的"反思"却得到学者们的一致认同。自20世纪90年代以来，我国学者对反思性教学进行了各种讨论，尤其是随着世界高等教育改革的推进，教师反思理论获得了较大发展。

对教师反思内容研究的角度不同，教师反思内容也不尽相同。美国学者瓦利从社会学维度和心理学维度指出了五种反思型教育模式，包括技术性反思模式、行动中与行动后反思模式、缜密性反思模式、人格性反思模式和批判性反思模式。在教学活动中，培养教师的反思能力十分重要。培养教师反思能力的途径主要包括写作反思日记、进行反思对话、实施微格教学、创建档案袋以及开展行动研究等。

教师反思理论是教师进行教育反思的理论，近年来，随着我国教育改革的深化发展，我国教育学术界对反思型教师和反思型教学展开了讨论。教师反思理论在中小学教学领域的应用较为广泛。反思被国内外学者认为能够取得实际教学效果，并可以促使教师能够更加积极和主动地投入教学工作中，推动教育取得良好实效。除此之外，反思型教学还成为我国多所学校衡量优秀教师的能力的标准，具有反思型教学能力的教师被认为是最为理想和优秀的教师，他们将教师专业作为一种终身职业和奋斗一生的目标。

---

① （英）洛克著；关文运译.人类理解论 下[M].北京：商务印书馆.1959：211.

(四)知识结构理论

知识结构理论是西方学者舒尔曼提出的,他指出,人的知识包括学科知识理论和教学法知识理论[①]。其中学科知识理论顾名思义是指与具体的学科相关的概念、内容等知识。教学法知识则是指教育心理学以及教师专业特有的教学知识等。教学法知识是开展有教学活动所必备的课堂教学知识。这两类知识按照英国哲学家波兰尼的理论又可划分为显性知识和隐性知识两种类型。其中,显性知识是指可以使用文字、符号等能够具体准确描绘出来的知识,而隐性知识则是指不能通过文字、符号等进行传播的知识。隐性知识通常只能借助非具象的以及非正式途径进行传播。隐性知识和显性知识在个体的知识构成中均十分重要。尤其是进入21世纪以来,随着知识经济的发展,学术界对隐性知识的作用越来越重视,日本的学者提出了知识转化模式,主张个体将观点和意见通过可视的语言、文字和符号等,在社会中传播,并通过会议、文献或参加各种活动等方式实现隐性知识与显性知识的结合。师范实习生在实习期间的知识由直接知识和间接知识构成,除此之外,在实习期间,师范实习生受实习学校指导教师及其他教师的潜移默化的影响,其对教师职业的态度、责任感等将对师范生未来职业生涯起决定性作用。

(五)认知建构主义学习理论

建构主义学习理论是以认知主义学习理论为基础,建构主义理论的分支较多,其中影响最大的为认知建构主义和社会建构主义。认知建构主义理论主要以教育心理学家让-皮亚杰、杰罗姆·布鲁纳和冯·格拉斯菲尔德等人为代表。认知建构主义的代表学者皮亚杰提出了个人认知建构主义,皮亚杰的观点成为认知建构主义理论的基础。

认知建构主义学习理论认为,学习是学习者主动建构内部心理表征的过程。学习既包括结构性知识,又包括大量非结构性的经验背景。认知建构主义认为,人们对事物意义的认知始终与以前经验相结合,理解既包括学习者的认知过程及其认知结构,又包括原来记忆中的语义和抽象过程,例如,图式、规则、算法,以突出某种特征的表象或言语记忆。另外,人脑对所接触的信息

[①] (美)舒尔曼主编;袁振国等译.教师教育中的案例教学法[M].上海:华东师范大学出版社.2007:163.

并非全盘接受，也不是被动学习和记录输入信息，而是对建构中的信息进行解释，主动选择一些信息，同时忽略另一部分信息，在信息选择中得出结论。

认知建构主义学习理论认为，学习过程包含新知识与旧知识两个方面的同时建构。学习过程即是知识建构的过程。知识建构包括两个方面，一方面，认知建构主义理论坚持信息加工的基本范式，认为知识是由个体建构而成的，外部信息与个体已有知识之间存在双向反复的相互作用。个体对新信息的理解是在运用已有经验的基础上，超越现实中提供的信息而进行建构的；另一方面，新信息的建构过程既包括信息意义的建立，又包括对记忆中原有经验的改造与重组。

认知建构主义学习理论认为，学习过程也是学习者以自己的方式建构对新事物理解的过程。由于个体在认知世界中存在着一定的差异性，因此学习者通常按照自己的方式建构对新事物的理解，鉴于这一规律，认知建构主义者十分重视合作学习。认知建构主义理论又分为多个分支，包括认知灵活性理论、生成性学习、探究性学习等多个理论。其中，认知灵活性理论是认知建构主义理论的一个重要分支，该理论一方面主张增加学习者建构理解所需要的知识，另一方面又强调为学习者留出广阔的建构空间，以便学习者在信息建构中根据具体情景采取适当策略。

认知建构主义学习理论从认知学习的角度对知识观、学习观、教学观等提出了独特的见解。师范教育实习是一种师范实习生在实习指导教师的指导和帮助下，将已经掌握的专业理论知识和教育管理理论知识应用到真实的教学实践中，并在教学实践中进行检验，并以此为基础构建对教育教学的新观念、新知识的过程。在这一过程中，师范实习生不仅需要具备自主学习和自由探索的能力，还需要在指导教师的指导下对真实的教育职业提高认识和进行再加工。

（六）人力资源开发理论

人力资源开发是指综合利用培训与开发、职业生涯开发、组织开发等手段改进个人的、群体的和组织的效率的活动。[①]人力资源开发理论自20世纪90年代以来被大规模引进高校管理，许多高校纷纷将之前的"人事部"更名为

---

① MCLAGAN P A. Models for HRD practice[J]. Training and Development Journal, 1989, 41(9): 49-59.

"人力资源部",并且使用人力资源理论来指导实习生实践,人力资源开发理论逐渐成为实习生实践的重要基础理论。人力资源开发理论与教师发展理论的目标和内容具有一致性。

从目标上来看,人力资源开发理论和实习生的目标存在一致性,两者均以个体和组织发展为目标,人力资源开发侧重于通过有计划的学习、培训和分析推动员工个人技能的提高。而实习生实践则侧重于对教师教学和科研能力的开发。除了推动个体自身的发展之外,人力资源开发还需满足和改进组织效率,解决组织中存在的种种问题,以达成组织目标,并且根据组织内外环境的变化,有计划地改善和更新企业组织。而实习生实践活动除了提升教师个体的能力外,整个师范院校组织的发展也离不开教师的参与。从内容上来看,人力资源开发的内容包括员工个体的职业规划和职业管理;而师范生实习则主要包括综合能力的提升,有利于未来实习生走上教师岗位后的职业发展。

进入 21 世纪以来,随着知识经济时代的到来,人力资本受到世界各国各个行业的重视。从人力资源开发的视角来看,员工个体技术、知识和能力的发展等是企业的核心竞争力,能够为企业创造出持续的竞争优势。对师范院校来说,教师个人核心技能和专长的发展,以及教师个体对师范院校的认同感,能够提升师范院校的核心能力和竞争优势。因此,从人力资源开发理论视角来开展师范生实习活动不仅有利于提升师范院校实习生个体能力的发展,还为其将来师范生走上教师岗位后,推动我国基础教育教师整体素质发展和加强教师队伍建设起着重要作用。从这一视角来看,人力资源开发理论也是师范生实习的基础理论之一。

三、师范教育实习的特点和价值

师范教育实习与作为实习教育实践课程的一种主要形式,能够帮助实习生在思想和业务能力方面得到全面而系统的锻炼,并且帮助实习生将所学习的教育教学理论应用到教育教学实践中进行检验,再结合现实教学实践提升教育教学技能,形成独立的教育教学能力。教育实习是所有师范生成为一名合格的人民教师之前的必经阶段,也是教师教育的重要组成部分。

(一)师范教育实习的特点

教育实习具有课程性、辅导性、实践性、反思性和综合性的特点。

1. **教育实习的课程性特点**

教育实习是师范生教育课程的重要组成部分，具有课程性的特点。教育实习是一门目的明确、组织形式完善、内容丰富、计划性和实践性较强的教育课程。教育实习的课程性特点是由教育实习的性质所决定的，这一特点是随着师范教育的诞生而产生的。以我国师范教育实习为例，我国专门的师范教育产生时间较晚，直到19世纪末才诞生。我国最早的专门师范院校为诞生于1897年的南洋公学师范学院，南洋公学师范学院中就设立了教育实习课程。1904年1月，清政府颁布了《奏定学堂章程》，史称"癸卯学制"，其中《奏定优级师范学堂章程》中规定学生除了课堂学习之外，还须在学堂附设的中学堂、小学堂中实习，以不断增强学生的实践技巧，即进行教育实习，以便使学生成长为合格的师范人才。民国时期，各师范院校就将教育实习作为师范教育课程中的重要组成部分。例如，1913年《师范学校课程标准》中规定学生的实习安排在学习最后学年进行，实习时间每周安排9课时。1941年教育部颁布的《师范学校（科）学生实习办法》中对学生参观、见习的以及教育实习、行政实习的时间进行了详细规定，要求学生的教育实习不少于1 800分钟。1943年颁布的《师范学院学生实习及服务办法》中则对高中教师的教育实习时间进行了详细规定，其中进一步提升了教育实习的时长，规定教育实习时间不少于60小时。到了1946年颁布的《修正师范学院规程》中则要求学生在每周均需有1小时以上的实际教育实习时间。中华人民共和国成立后，我国在1957年发布的《高等师范学校本科和专科教育实习大纲》中对教育实习的内容进行了明确的规定，将教育实习作为师范生课程的重要组成部分。改革开放后，尤其是21世纪以来，我国师范教育中越来越重视教育实习的作用，教育实习的课程性越来越显著。结合教育实习在我国师范教育中的发展历程可以看出，自近代我国师范教育制度确定以来，我国教育实习制度已具备了课程性特点，并被纳入实习生课程体系。教育实习的课程性特点是实习生结合前期理论知识经验，在教学实践中获取新知识和新经验的过程，是实习生将个人生活与社会生活紧密联系起来帮助实习生学习如何运用各种理论知识的综合性实践课程。

2. **教育实习的辅导性特点**

教育实习过程是实习生在指导教师的引导和帮助下进行真实实践教学的活动。在这一过程中，实习生必须全程在指导教师的帮助下进行学习和实践。教育实习的主要组织形式是师徒制，这一组织形式反映了教育实习的辅导性特点。在教育实习的过程中，实习生需要在同校实习指导教师的指导和大学指导教师的帮助下完成听课，在指导教师的帮助下精心设计课程规划，并在其监督下完成授课，课后按照指导教师的意见进行改进，最后通过不断学习和成长，最终掌握独立教学能力。由此可见，教育实习的每一步均离不开指导教师的帮助和辅导，从这一视角来看，教育实习具有辅导性的特点。

现阶段，师范教育实习中实习生的指导教师一般可分为两种类型，一种类型是师范实习生所在大学的指导教师，另一种类型则是实习生所在实习学校的任课教师。这两位实习指导教师在师范教育实习中所起的作用既有相同点，又各有侧重。两位实习指导教师共同对师范生的教学行为进行指导，不同点在于大学实习指导教师主要对师范实习生进行教育教学理论知识的指导；实习学校的实习指导教师则主要对实习生进行教学实践示范、信心支持，当实习生在实际教学实践中遇到困难时，帮助实习生解决问题，并教授实习生学习和掌握解决问题的方法和手段，帮助实习生直面生活和工作中遇到的挫折和挑战。

综上所述，教育实习中实习指导教师的作用十分重要，实习生必须在实习指导教师的指导下进行教学体验和教学实践训练。不同国家的教育实习中所安排的指导教师数量不同，例如，英国规定师范实习生需要在三位指导教师的帮助下进行实习，我国则实行双导师制，即师范实习生需要在两位指导教师的指导下进行教育实习。

3. 教育实习的实践性特点

教育实习是实习生运用已掌握的教育教学理论从事各种教育教学活动、认识教育现象、学习教学手段、改变教学观念的过程。教育实习的实践性特点包括两个维度。其一，教育实习是在师范实习生立足于其所掌握的科学理论知识基础上，体验真实的教育教学活动，并且将其掌握的科学理论知识应用到教育实践中的过程。其二，教育实习是实习生在复杂的教育教学情境中，学习除大学教育课程和教育课本之外的教育实践知识的过程。教育实习既是一种课程学习，又是一种实践活动。教育实习并非单纯的理论知识教育，而是一种综合性教育活动，实习生需要在实习教师的指导下，充分将所学的教育理论知识和学科专业知识和技能应用到教学实践中，在教学实践中进行检验，并且在真实的教学环境中锻炼分析问题的能力、解决问题的能力，将对教学活动的理性认识上升到感性认识。

4. 教育实习的反思性特点

教育实习是实习生在实习指导教师的指导下，通过充分的观摩指导教师教学、学习指导教师教学方法的同时，结合大学中所学习的教育理论知识，在教育实践中寻找有效的教学方法，并对教学认识结果进行演绎、反思、质疑和再认识的过程。教育实习活动的反思性包括两个维度。

（1）教育实习活动中实习者的反思性特点。教育实习活动中的实习者在教育实践过程中的反思性主要体现在实习生对教学理论应用于教学实践的反思。

（2）教育实习活动中实习指导教育的反思性特点。教育实习活动中的实习指导教师在对实习生进行指导过程中，其工作也表现出较强的反思性特点，这一点主要表现在两个方面。一方面，实习指导教师在对实习生的教育教学实践进行指导的过程中，应结合实习生的特点和教育教学实践的实际情况，以及实习生的教育实践成果，不断对实习生的指导策略和指导方法进行反思和调整，以达到实习生指导效果最优化。另一方面，实习指导教师在对实习生的实习活动进行指导的过程中，通过对实习生教育观和教学方法的指导和评价，与实习生的教育理念进行碰撞，促使实习指导教师对自身的教育理念、教学方法和教学模式、教育知识进行深度反思，进而发现自身教育中存在的问题，并进行改进，最终达到提升教学实效的目的。即教育实习活动指导教师在实习指导活动中所受到的启发，对自身的教育理念、教育知识和教育过程、教学方法的重新审视，完善教育知识，更新教育理念，改革教育方法，帮助实习指导教师发现教学中存在的问题，并对其进行改进，从而为实习指导教师的发展提供支持。

5. 教育实习的综合性特点

教育实习是一项综合性较强的实践活动，综合性特点是教育实习的本质特点。教育实习的综合性特点主要表现在三个方面。

（1）教育实习是对教育知识的综合运用。在教育实习过程中，实习生需要将大学中所学的专业知识应用到专业教育活动中。然而，教学活动本身十分复杂，实习生在教育实习教学活动中既要将知识传授给学生，又要进行课堂组织和管理，还要进行班级活动组织、学生德育和法律知识的培养等。如果这些活动中只单纯地运用一种学科知识，很难以达成教学目的。因此，教育实习是实习生对各种教育知识的综合运用。

（2）教育实习对实习生教育能力的综合培养。教育实习活动的过程包括多个教育步骤和教育环节，其中包括观摩教育指导教师的教学活动，对教学活动中不明白的地方进行询问，备课、进行课堂教学设计、试讲、课堂教学讲授、课后评价，组织班级活动等。在这些活动中，对实习生的观察能力、思考能力、沟通能力、课堂设计能力、教学内容概括能力、口头表达能力、板书能力、组织能力等进行综合锻炼与培养，因此从这一视角来看，教育实习活动是一项综合性活动。

　　（3）教育实习活动对实习生的师德进行培养。在教育实习活动中，实习指导教师不仅对实习生的专业知识和教育知识进行指导，还对实习生的师德进行培养。教育实习是在真实的教育环境中进行教学活动实践，既是对实习生的教育理论知识和从教水平的综合性检验，又是对实习生的政治思想觉悟和道德品质水平的检验。教育活动既是教授学生知识的过程，又是育人的过程。在教育实习活动中，实习生在教学方法的使用、教学问题的处理以及处理和学生的关系方面均能够体现出其政治思想觉悟和道德品质水平。在实习活动中，实习指导教师需要通过言传身教和专门的师德教育等方式，培养和提升实习生的师德水平。从这一角度来看，实习活动具有较强的综合性特点。

（二）师范教育实习的价值

　　师范教育是一种极其特殊的教育方式，师范教育的对象是人，师范院校学生毕业后大多会选择教师作为职业，走上讲台，教学育人，传道授业。因此，师范教育不同于一般的学科教育，学生不仅要自己学习和掌握一定的科学文化知识，而且还要将这些知识传授给未来的学生，如果学生只掌握了科学文化知识，而没有掌握教育专业知识，或者学生只掌握了专业理论知识而没有实际走上讲台授课，那么均不能成为一名合格的人民教师。因此，学生只有在充分掌握科学文化知识和理论知识的同时，不断提升自己的实践能力，将教育理论知识应用于实践中，才能成为一名合格的人民教师。教育实习的价值主要表现在以下几个方面。

　　1. 增强师范实习生对教师职业的认同感

　　职业认同感是指教师在内心深处的认可状态，无论是哪种职业的从业者，只有从内心深处认同自己所从事的职业，才能激发工作热情，对工作积极投入，才能在工作中做出成就。否则，如果从内心深处都不能认同自己所从事的职业，那么极易在现实工作环境中产生消极怠工的心理。教师是一种特殊的社会职业，该职业具有较强的实践性特点。教育实习作为教师培养的重要课程，也是师范生走向教师岗位之前的职前实践训练，是培养合格人民教师不可或缺的环节。教育实习是师范实习生近距离接触未来教学活动对象的活动，在这一过程中，师范实习生将在真实的教学环境中与学生进行相处，直接而真切地体验到教师在青少年教育成长中的重要作用和价值，体会到作为一名人民教师的甘苦与辛勤。此外，师范实习生在教育实习过程中还能够体会到教师在塑造学生心灵中起的主导作用。教师作为一种特殊的社会职业，受到全社会的高度关注和期望。教师不仅承担着教学任务，属于专业的教育教学从业人员，还被视为人类文明传承者、文化的传播者和道德的维护者。教师职业承载着社会公众的众多期待，师范实习生只有在教育实习活动中面对学生和家长的信任和依赖，能够真切地感受到教师职业的光辉与荣耀，理解教师工作中的付出与奉献，对教师职业产生发自内心的喜欢和热爱，才能对学生报以极大的教育热情，也才能在教育工作中体会和感受到探索教育规律的乐趣，真切地感受到学生的热情，从而增强职业认同感，激发出对教育的使命感和责任感。

2. 提升师范实习生的综合性知识

教师的知识体系大致可划分为两种类型，即学科专业知识和教育专业知识，两者共同组成教师的双专业知识体系。师范生作为未来的教师，其知识体系也具有双专业知识体系的特点。而教育实习过程则是对学科专业知识和教育专业知识进行再认识的过程。教育实习的各个环节均能够对学生的专业知识和教育知识进行检验。师范实习生在学校所学习的各学科知识和教育学知识均为理论化知识。师范实习生在教育过程中需要将已经掌握的理论知识运用到教学实践过程中，并且在这一过程中要对已有的知识结构进行重新梳理，并从中得到更深的知识理解，使理论知识更加丰富。

此外，教育实习的每个环节中均蕴含着大量的教育教学知识，在实习过程中，实习生通过实际备课、制订教学计划、讲课、评课、进行家访活动、参与班级管理活动等，能够获得丰富的感性知识，并且通过教学活动中的感受、认识、思考和研究，能将这些知识上升为理性知识。

3. 培养师范实习生的综合性能力

教育实习活动能够培养师范实习生的综合能力，这一价值早在近代已被我国教育学者所洞悉。1913年颁布的《注重师范教育实习之训令》中即指出："师范教育，理论与实习并重。理论修毕以后，苟非证之实地，练习多时，他日为师难收成效。……自今而后，各师范学校校长教员，对于最后学年之学生，务须依照部定时间督率指导，切实练习，使学生于教授理法，得以逐渐体会，运用自如……至高等师范学校，关系益重，练习更应加意。"①这一法令中就强调了师范教育实习的重要性。

实习生的能力由两个维度组成，一个维度是教育的基本能力，一个维度是教师专业发展能力。这两种能力均可以在教育实习活动中得到培养和提升。

教育基本能力包括口头表达能力、阅读能力、写作能力、实验能力、演算能力、测量能力、交往能力和沟通能力等。这些教育基本能力能够确保教师教学工作的顺利开展，否则即使教师的专业水平和能力再高，也不能担任教师职务。

教师专业发展能力是指教师在整个职业生涯中，通过终身专业训练，习得教育专业知识技能，实施专业自主，表现专业道德，并逐步提高自身从教素质，成为一个优秀的教育工作者的能力。②教师专业发展能力直接关系着教师职业生涯发展和教师教育教学水平。教师专业发展主要包括四个方面，即基于校本研究的专业发展、基于教学实践的专业发展、基于教学反思的专业发展以及基于信息化环境的专业发展。这四个方面的能力均可以在教育实习活动中得到锻炼和培养。

4. 检验师范院校教育效果的重要途径

实践是检验真理的唯一标准，师范院校培养的学生只有经过教育实践的检验，才能提高教育质量。师范教育实习中将对师范实习生的德、智、体、美等各个方面的素质和能力进行综合检验。师范实习生的教育理论知识是否扎实、牢固，是否具备较强的专业知识，是否具有较强的工作能力，是否具有过硬的教育心理，是否具有较强的责任心和事业心，政治思想素质和德育素养是否过关，是否具有较强的组织能力和进行课堂管理的能力等，这些均会在教育实习活动中体现出来。因此，教育实习活动是师范院校检验教育效果的重要途径。

---

① 周宁之. 近代中国师范教育课程研究[M]. 北京：教育科学出版社，2017：183.
② 夏人青，胡国勇. 国际大都市高等教育比较研究[M]. 上海：上海教育出版社，2018：326.

师范实习活动往往是整个专业或整个系的学生集中开展实习活动，因此实习生的素质即可体现出教学水平。例如，一些师范实习生在实习活动中表现的普通话水平较低，教学语言欠缺，板书设计缺少计划性、规范性和示范性，以及班主任管理能力缺乏等问题，即暴露出师范院校在这方面的欠缺，需要师范院校在学生培养中加强这些方面的教育和训练。

在教育实习活动中，我国师范院校往往采取双导师制，其中，师范院校的实习指导教师在实习生实习活动中不仅发挥着对实习生进行教学理论指导等重要的指导作用，还承担着及时对实习结果进行反馈，总结经验教训，并进行查漏补缺的重任。通过实习教育的反馈，能够不断推进学校的教育和教学变革，通过加强学生教学技能的培养和训练，能不断提升师范院校学生的教育质量，培养合格的人民教师。

第二节　师范教育实习的目标与内容

教育实习是师范院围绕如何将学生培养成为一名合格的基础教育教师的中心问题而设置的教育环节，是对师范实习生的全方位综合技能训练。本节主要对教育实习的目标、内容、模式进行详细阐释。

一、师范教育实习的目标

师范教育实习是师范教育师范性和实践性的独特体现，师范教育实习目标是整个师范教育实习活动开展的依据。师范教育实习目标的确立经过了漫长的探索和发展，近年来，随着我国师范教育实习制度的不断完善，我国师范教育实习已形成了较为规范的体系，许多师范院校的教育实习活动在每学期或每学年举行，不同阶段的师范教育实习的目标不尽相同。本书主要对师范教育实习的总目标的确立依据及总目标进行阐释。

（一）师范教育实习总目标确立的依据

师范教育实习总目标确立的依据主要为我国基础教育改革和培养目标的要求和教师专业化发展的要求、中小学教育实践的要求三个方面。

1. 我国基础教育改革与培养目标的要求

改革开放以来，为了适应我国社会人才培养的需求，我国教育进行了深入改革。其中，基础教育作为我国人才培养的基石，直接关系到我国整体人才质量，关系着国家综合国力和国际竞争力。改革开放以来，我国基础教育改革取得了显著成就。进入 21 世纪以来，我国基础教育改革更加深化，提出了符合时代的人才培养目标。2001 年，我国教育部正式启动了新一轮基础教育课程改革，颁布了《基础教育课程改革纲要（试行）》等一系列政策文件。2019 年，我国教育部颁布了《关于新时代推进普通高中育人方式改革的指导意见》《关于深化教育教学改革全面提高义务教育质量的意见》《新时代爱国主义教育实施纲要》《关于实施全国中小学教师信息技术应用能力提升工程 2.0 的意见》《关于加强和改进新时代师德师风建设的意见》等，对中小学基础教育的育人目标、育人方法等提出了一系列新要求。例如，《关于新时代推进普通高中育人方式改革的指导意见》中指出，到 2022 年，德、智、体、美、劳全面培养体系进一步完善，"立德树人"落实机制进一步健全。普通高中新课程、新教材全面实施，适应学生全面而有个性发展的教育教学改革深入推进，选课走班教学管理机制基本完善，科学的教育评价和考试招生制度基本建立，师资和办学条件得到有效保障，普通高中多样化有特色发展的格局基本形成。[①]我国师范院校师范生，尤其是本科师范生未来的职业多为基础教育教师，因此师范生在实习期间的目标应与我国基础教育改革和发展要求相一致，以基础教育新课程的培养目标作为依据。

我国基础教育新课程的培养目标是培养德、智、体、美、劳全面发展的人才，并以"立德树人"作为基础教育人才培养的根本任务。因此，我国师范教育实习也应以此作为依据，结合基础教育课程改革的具体目标和基础教育人才培养目标，全方位锻炼师范实习生的知识、技能。

2. 教师专业化发展的要求

教师专业化发展是教师个体业务不断发展的过程，也是教师不断接受新知识，不断增长专业能力的过程。教师专业发展涉及教育教学理论知识、教学实

---

① 国务院办公厅.国务院办公厅关于新时代推进普通高中育人方式改革的指导意见[J]. 人民教育，2019(Z2): 10–13.

践的具体教学情境等应用场景，包括教师个人的理论知识、实践性知识、价值观、心理素质等。其中，教育实践是教师专业化发展的重要途径。这是由教师职业特点决定的，教师教学具有较强的情境性、实践性特点。

教师教学的情境性特点是指教师的教学必须在特定的实践环境中进行，教师的实践经验来源于教师在特定实践场景中根据学生特点、教学内容等对教学的感悟而获得，这一实践经验对促进教师专业发展起着决定性的作用。教师只有在具备充足理论知识的基础上进行大量实践，才能获得专业提升，否则仅仅具有大量专业理论知识而不进行教学实践，也无法对已获得的教学理论进行实践和反思，更无法进行专业知识的反思和调整，从而无法获得专业知识的发展。由此可见，教师的专业发展具有情景性的特点。教师的教学情境十分复杂，充满变化，教师与学生之间的合作与交流，与同事和家长之间的合作等均使得教师处于一种合作关系中，只有不断在实践经验中进行协调，才能建立良好的相互合作的文化，从而不断促进教师的成长与发展。从这一视角来看，教师专业发展过程中只有依赖教育实习和实践活动，从中获得大量教育实践经验，才能推动实习生教育经验和知识的升华，才能促使实习生朝着合格教师的方向转变。

教师教学的实践性是指教师知识结构由专业理论知识与实践知识共同构成，这决定了教师专业发展一方面以充足的专业理论知识作为基础，另一方面又以实践知识的丰富和发展作为升华。教师所学习和掌握的大量理论知识必须应用于教学实践中，并且只有在教学实践中经过检验，才能真正被教师所吸收，也才能真正提高教师的专业能力。由此可见，教师专业发展具有较强的实践性特点。教师专业发展的实践性表明，教师职业除了必须具备先进的学科知识和教育教学专业知识外，还必须进行大量的实践活动，否则就不能得到真正的专业提升和发展。由此可见，教师专业发展的实践性是教师发展的基本因素也是最重要的因素，在教师发展中起着不可替代的重要作用。对实习生来说，只有经过大量教育实践，实习生从课本上学到的教育理论知识才能转化为其个人经验，并真正用以指导教育实践，是实习生未来走上教师岗位后专业发展的重要基础。

3. 中小学教育实践的要求

本科师范教育是培养中小学基础教师的教育，其培养目标必须面向中小学基础教育，满足中小学教育现实的需要以及中小学教育发展的需求。中小学以培养德、智、体、美全面发展的人才为目标，要求师范院校教师必须能够在教育教学中培养中小学生全方位的素质。例如，随着科学技术的发展，我国中小学教育中增加了对中小学生的信息技术技能的培养，相应地，我国师范教育实习中也应培养教师的信息技术能力。又如，中小学教育课程改革朝着重视教育实践的方向发展，我国师范实习教育中也应侧重培养实习生的活动组织和实践能力。

（二）师范教育实习总目标

师范教育实习的总目标主要包括树立师范实习生的教师专业理念、培养师范实习生的职业道德、培养师范实习生的独立教学能力、培养师范实习生的反思和教育研究能力、检验师范院校教育质量等。

1. 树立师范实习生的教师专业理念

师范教育实习是培养师范专业学生建立正确、现代的教师专业理念，提高实习生教师专业技能和实现自身专业发展需求的重要组成部分。

教育活动是一项实践性较强的活动，教育实践是一项十分复杂的活动，涉及教育的方方面面。教育实习是师范生接触真实教育环境和教育实践的基础，是实习生将已获得的教育教学理论应用于教学实践，并在教学实践中进行检验的过程。在这一过程中，实习生不仅能够学到教育专业能力，还能够进自我锻炼和自我展示，为其今后的专业成长和发展奠定基础。除此之外，师范实习生在真实的教学环境中，在将教育理论与教育实践相结合的过程中，能够不断对教育进行反思，培养教育反思能力和专业思想、专业伦理、专业自我，为专业成长奠定了基础。

2. 培养师范实习生的职业道德

教师作为人才培养的实际践行者和实际执行人，不仅应当具备渊博的知识，还应该具备高尚的品德，一个完美教师的形象是内在师德与外在师表的和谐统一。因此，师范实习生在教育教学过程中应当具备良好的职业道德。师范教育实习是培养师范实习生职业道德的重要途径，而实习生职业道德的培养是教育实习的重要目标。师范实习生在实习过程中应注重仪表和风度，保持衣着整洁大方、举止文雅端庄、语言优美文明、教学态度真诚亲切。此外，实习生在教育实习中还应培养良好的职业道德。对师范实习生来说，专业知识和技能是教育工作的基础，而职业道德则是教育工作的灵魂。师范实习生的职业道德包括热爱教育、爱岗敬业、忠于职守、热爱学生、诲人不倦、严于律己、以身作则、率先垂范、团结协作等。只有树立起良好的职业道德，实习生才能在未来的教育生涯中成为一名合格教师。

3. 培养师范实习生的独立教学能力

独立教学能力是教师的基本能力，也是教师安身立命之本。师范实习生在真实的教育教学环境中通过亲自参与观摩课堂、参与教育、课堂教学等一系列的活动，能够培养其独立备课、设计教学规划、独立开展课堂实践活动、独立组织课堂教学活动、独立进行教学反思、独立进行教研活动等方面的能力。

教育活动是一项综合性活动，是整个师范教育的重要环节，并非一种单纯的考试或评判，而是一种学习、交流、沟通、进步的过程。在实习过程中，学生不但与其所在师范院校的教师和同学保持密切联系，而且与实习学校的师生保持着紧密联系。在教育实习过程中，实习生需要面对真实的教育环境中的活生生的教育个体。这些学生的性格、家庭背景、知识结构等均不相同，师范实习生只有与他们进行深入沟通与交流，了解他们的学习活动和思想情况，才能做出学生需要的教学设计，教学才具有针对性。而在这一过程中，实习生通过师生间的交往，能够了解中小学生的认知特点、心理特点等，有利于进行教育教学活动。在实习生实习期间，实习生不可避免地与实习学校的教师和学校管理人员进行接触，通过教师之间的交往，他们不仅可以从学校专业教师身上学习良好的教研能力和教学能力，还能够在潜移默化中学习专业教师的教育奉献精神和师德师风。除了与学校教师和学生进行交往之外，实习生在实习期间，还需进行家访、召开家长会等活动，在与家长进行交流中，实习生可以深入了解家长对教学的关注，了解学生家长的心理，掌握与学生家长进行交流与沟通的能力，从而提升师范实习生的教育教学综合能力。

4. 培养师范实习生的反思和教育研究能力

教育过程是一个实践性较强的过程，在这一过程中，教师需要将已有的知识和经验应用到具体的教学情境中，经受实践的检验，并对教学实践的结果进行反思，通过对整个教学过程的反思，从中总结经验和教训，并将这些经验和教训应用到教育教学实践过程中，不断提升师范实习生的教育教学能力。

在师范实习活动中，为了培养师范实习生的反思能力，可以通过让实习生写专业课堂日记或随笔，对实习生进行课程质询，对实习生的教学行为进行督导，加强对实习生的行动研究等形式实现。其中，写专业课堂日记或随笔是指在教学实习活动结束后，实习指导教师要求实习生写专业课堂日记或随笔。专业课堂日记的形式主要通过对实习过程中的教学情境进行记录，从而引导师范实习生对教学活动进行深刻反思。对实习生进行课程质询是指实习生在进行教学规划或备课环节，实习指导教师对实习生教学过程的质询，其中包括在教学中应用什么样的教育理论知识，教育目标是什么，如何组织教学活动，以及询问实习生教学的课程目的、达成方法，以及教学材料如何使用等，引发师范实习生对整个教育过程的反思，从而不断提升教育教学效果，培养实习生的教育反思能力。教学督导活动是指在实习生实习中，实习指导教师对实习生的整个教学活动进行督导，从而培养实习生的教学反思能力。除以上几种形式之外，在教学活动开展前后，实习生应对所制订的教学计划、行动进行观察和反思，从而培养其教学反思能力。

除了培养实习生的教学反思能力之外，实习生在实习活动中还参与整个年级的教学研究活动，在这一活动中，实习生在实习指导教师的指导下，对其他教师的教学研究活动进行观察、观摩、学习，最终达到培养教育实习能力的效果。

5. 检验师范院校教育质量

高等院校培养的人才是否符合社会需要应在社会实践中进行检验。在教育实习中，即是将师范生投入真实的教育实践中进行检验。在教学实习中，尤其是顶岗实习或支教实习中，实习生在学校的教学活动与学校专业教师的教学活动是一致的，在此过程中可以对实习生的教育素质和能力进行全方位的考查。在实习生实习过程中，两位实习指导教师全程对实习生的表现进行监督，并且将实习生的表现记录在实习评价中，通过实习评价反映出实习生的优缺点，从中可以对师范院校的教育质量进行反馈，以便师范院校进行相关政策或课程调整，提高师范人才的社会适应性和教育适应性。

二、师范教育实习的内容

师范教育实习的内容是一个逐渐规范的过程。早在20世纪初期，我国师范教育实习中就对实习内容进行了明确规定。例如，1943年颁布的《师范学院学生实习及服务办法》中指出，师范学生的实习内容中应包括参观、见习、教学实习、行政实习等事项，即在观摩其他教师上课的基础上进行见习，并且要求学生在参观时必须做好笔记，参观结束后还必须做好表格调查，而且参观时不能只参观一节课或两节课，而是必须观察整个单元的课程。另外，除了在本地参观外，教师还必须带领学生到外地市参观，观摩不同风格和学派教师的授课风格。除了观摩课堂教学外，学生在参观时还须到本地区以及外地区的社会教育机构参观。这些规定进一步扩大了实习的内容和范围，有利于学生更好地了解教育教学的方式和方法，也有利于对未来工作的场所以及整个行业进行较为详细的了解。

中华人民共和国成立后，随着我国师范教育实习制度的逐渐完善，我国师范教育实习的内容也逐渐统一和明确。现阶段，我国师范本科教育实习的内容主要包括教学工作实习、班主任工作实习和教育调研实习三个部分。

（一）教学工作实习

教学工作实习是师范教育实习的重要组成部分，主要包括教学观摩、备课、编写教案、试讲、授课、评课等环节。

1. 教学观摩

教学观摩是指师范教育实习生在进行实习活动中，对实习学校的实习指导教师或其他优秀教师教学行为观摩。教学观摩贯穿于整个教学活动中，师范教育实习生不仅应对教师的教学基本技能，如课程导入的技能和技巧、讲解知识点技能和技巧、课堂提问的技能和技巧、教学语言技巧、处理教学活动中的突发事件的技巧等进行观摩；还应对教师在教学中如何营造良好的课堂教学情境，如何对课堂教学进行组织和管理等技能和技巧进行观察和体会，在这一过程中发现教师教学的优势和特点以及教学的不足，并将这些技能和技巧化为自己的教学经验，应用在教学实践中。

2. 备课

备课是实习生对所教授的课程内容的准备，从备课的形式来看，备课包括个人备课和集体备课两种形式。从备课的内容来看，备课主要包括课程标准、教学目标、教学重点和难点、教学方法、教学中应用的新的教育理论、学习指导以及学情分析等。备课还可以分为备教材和备学生，备教材即是指对教材内容进行详细分析，备学生则是指对班级内学生的学习态度、学习方法、认知水平和知识基础进行详细分析。

3. 编写教案

教案是实习生结合课程标准、课程目标，在充分了解教材、学生和班级特点的基础上，采用适当的方法实现教学目标的计划蓝本。教案的写作是教学过程中不可或缺的环节，是实习生对教学过程的演练。教案的编写有利于实习生明确教学目标、教学重点和难点，以及课堂设计的每一个环节。实习生在实习过程中编写好教案后，需要将教案提交给指导教师进行审阅，并在指导教师的指导下对教案进行完善。在完成教案的基础上，依据教案进行试讲。

4. 试讲

试讲环节是教学活动的重要环节，也是关系到教学目标能否实现，教学活动是否成功的关键。在进行正式上课前，实习生均需要进行试讲。在试讲过程中，指导教师须全程参与，并指出实习生在试讲环节中出现的问题，为其提供建议和意见。实习生一般会把试讲作为正式讲课进行，在这一过程中，实习生通过发现教学环节设计中的不足，从而在实际授课中进行更正。除此之外，实习生在试讲过程中还可对教学时间、教学仪态、教学音量、语速和板书等进行设计，进而使其更熟悉讲堂和整个教学流程，并且对在课堂上可能会出现的问题进行解决，为正式授课做好充分准备。

5. 授课

授课环节是教育实习的关键环节，也是最重要的环节。实习生在正式授课时应控制好情绪，并且严格按照试讲时演练，把控好授课时间和进度，并且及时纠正教学中出现的错误。在授课环节中，实习生所面对的是真实的教学环境，与试讲不同，实习生应随时关注学生的听课情绪和反应，调动学生的积极性，并且在面对课堂突发事件时，要及时解决问题，以确保授课目标的达成。

6. 评课

在实习生首次或前几次授课时，实习学校一般会组织实习指导教师或同一专业的其他教师听课。正式授课活动结束后并不意味着教学活动的结束。实习生应就正式授课中出现的种种问题，虚心请教听课教师，并对讲课过程中遇到的种种问题进行记录，以便在下次授课中进行改正，逐渐培养自身独立教学的能力。

（二）班主任工作实习

班主任在基础教育学校中起着十分重要的作用，中小学班主任是班级管理的主要负责人。师范教育实习的主要内容之一即是班主任实习。班主任工作实习是实习生了解实习学校的教学、思想品德教育、文体活动、卫生保健、社会实践、课外活动的重要途径，也是实习生了解未来工作环境的重要途径。实习班主任应协助原班级的班主任做好教育教学工作安排，并配合各个学科任课教师的工作，除此之外，实习班主任还应关心学生的学习和身心发展，引导学生健康发展。实习班主任工作的主要内容包括以下几个方面。

1. 了解班级情况

实习班主任不仅应该了解班级的整体情况，例如，学生的整体认知水平、知识结构、学习态度、兴趣爱好、班级班风、班级干部配备和分工等，还应该了解班级内部每一位学生的具体情况，关注每一位学生的学习成长和身心发展。实习班主任了解班级情况的具体方法包括座谈法、观察法、谈话法、问卷法和作业分析法等。实习班主任在了解班级情况时，既可以向原班主任和班级任课教师进行了解，又可以通过在日常教学中的观察、与学生谈话等对学生情况进行详细了解。只有详细地了解班级情况，才能做好班级管理工作。

2. 制订工作计划

在了解班级基本学情的基础上，为了实现班级的教育教学目标和"立德树人"的目标，实习班主任需要安排班级日常管理活动，制订工作计划。班级管理工作计划中包括对班级情况的客观说明和分析，对班级管理工作目标和工作任务的确定，并从工作目标出发，对实习期内的班级管理工作日程和班级管理规划中的班级活动进行详细安排。实习班主任在制订班级管理工作计划时应确保班级管理工作计划与学校总体教育计划相一致，并在指导教师和原班主任的协助下制订。

3. 进行班级常规工作管理

班级常规工作管理是实习班主任工作的重点，其中包括学生干部工作管理、班级制度执行等内容。学生干部是协助班主任进行班级管理的主要人物，是班主任团结班级全体学生的桥梁和纽带，是班主任工作的主要支持者和协助者。在进行班级常规工作管理中，首先，实习班主任应对学生干部进行管理。一方面，全力支持学生干部的工作，提高学生干部工作的积极性和主动性；另一方面，赢得学生干部的认同和支持。其次，实习班主任应对班级制度进行管理。班级制度由班级考勤制度、卫生值日制度、班会制度、团队活动和学习园地等组成。班级制度是对班级全体学生的思想和行为约束机制，是形成良好班风和学风的基础。因此，在进行班级常规工作管理时，实习班主任应着重加强这两方面的管理。

4. 开展班级主题活动

班级主题活动是培养学生综合素质的重要途径和方法，是班级教育的主要形式之一，也是实现"立德树人"教育目标的主要形式。班级主题活动主要包括主题班会活动、参观调查活动、知识竞赛活动、体育比赛活动、文艺汇演活动、公益劳动活动、兴趣小组活动等。主题班会活动是班级活动的重点，是通过召开班会的方式，向学生传授知识、锻炼学生的交流能力、深入思考能力等多方面能力的主要活动形式。此外，班级主题活动还可以培养学生的综合能力素质。对实习班主任来说，组织开展班级主题活动能够培养其组织能力和教育能力、交流能力、处理种种突发问题的能力等。

5. 开展学生个别教育

学生个别教育是实习生作为实习班主任的重要工作之一。学生是一个个独立的个体，每位学生的性格、兴趣、特长、学习成绩、家庭背景、学习动力等均不相同，在教学中，实习班主任应针对不同学生的特点进行因材施教，以确保教育教学效果的最大化。同一个班级中学生的学习成绩参差不齐，对此，实习班主任应针对不同成绩阶段的学生采用不同的教育方法，对学生进行分层教育和个别教育。对于优秀学生，应在肯定他们学习态度和已取得的学习成绩的基础上，教育他们戒骄戒躁，不断进步，保持优秀。对于成绩一般的学生，则应发现学生的闪光点，并对此进行肯定，引导他们全面认识自身的优缺点，取长补短，不断进步。对于后进学生，应针对学生的不同特点对其开展针对性教育，激励他们克服缺点，迎头赶上。

（三）教育调研实习

教育调研实习主要指教育教学研究活动，教育教学研究活动是实习生的主要实习内容。教学工作是教师的主要工作，教育调研则是确保教学工作顺利开展的重要保障。教育教学研究是实习生深入了解所在学校以及整个中小学教育教学现状的重要途径，也是教育实习生从事教育教学工作研究的基础。教育调研实习既包括教育理论研究，又包括教育调查实践，教育调研活动的主题十分丰富，包括某个学科教学问题、班级管理问题、主题活动问题等。教育调研涵盖的范围十分广泛，然而由于实习生的实习时间一般较短，因此在教育实习期间，实习生不宜进行涉及面较广的教育调研。教育调研的步骤主要包括确定调研课题、搜集资料、选择并确定调研方法、确定调研实习题目、形成教育观点、撰写调研报告。教育调研实习的成果一般为实证性研究报告和文献性研究报告。

在教育实习活动结束后，实习生应对实习活动进行总结并写好教育实习总结报告，并且对实习活动进行深刻反思，将实习经验上升至理性知识，唯其如此，才能取得良好的实习效果，才能实现"立德树人"的目标。

三、多样化的师范教育实习模式

21世纪以来，我国高等师范教育实习课程进行了改革，呈现出丰富性和多样化的特点，形成了全程教育实习模式、混合编队教育实习模式、协作型教育实习模式、顶岗教育实习模式、委托教育实习模式和三段式教育实习模式等多种教育实习方式。

全程教育实习模式与我国传统师范院校实行的阶段性实习模式不同，是指在师范院校中实行的一种有目的、有计划、有组织地在师范生进行的全方位、全过程的教育实习。全过程教育实习与我国传统的阶段性教育实习相比，其特点在于师范生自入学开始就被发放一套与本专业对口的幼儿园、小学或中学教材，师范生在学习正常专业理论课程的同时，在实习指导小组的教师指导下，每周进行固定课时的教学实践与模拟训练，并将教学实践课程纳入师范生课程教学规划。此外，实习指导小组还组织师范生到中小学或幼儿园进行教育实习活动。这种全程教育实习模式打破了我国传统师范生实习过程中仅最后一学期或最后一学年实习的方式，而是自师范生入学至毕业的全过程都安排实习课程和实习实践活动，通过这种形式，师范生能更好地将所学的教育理论知识与实践知识结合在一起，同时能更加深入地了解中小学和幼儿园的教学特点，为其毕业后顺利融入工作奠定了基础。

混合编队教育实习模式是由华南师范大学探索出来的一种新的教育实习模式。所谓混合编队教育实习模式是指打破我国传统实习教育中师范生集中实习

67

或到指定学校实习、又或者到师范生生源地实习的方式，而是由师范院校若干个系的实习生组成一支18人左右规模的实习队，到一所中等学校实习，并完全委托该校对这些实习生进行全面的指导的实习方式。混合编队模式与传统实习课程的展开不同，一方面，不再需要学生所在的高等师范学校派出专门的指导教师，而是全权委托实习学校对实习生进行指导，有利于充分节约和利用教育资源，发挥实习学校教师对实习生指导的积极性和主动性。另一方面，由于传统集中实习方式中常常将同一个系或同一个班的数十名学生共同派往一个实习学校，为实习学校带来较大压力；而混合编队实习模式则是将每个系的实习生控制在2～4人左右，有利于实习学校的实习安排，同时从客观上也增加了每位实习生的实践次数。除此之外，实习生来自不同专业，按照一定比例进行搭配，可以实现知识结构互补，相互促进。

协作型教育实习模式是指师范院校与市/县中小学共同合作培养师范毕业生的方式。该模式克服了师范院校对的师范生的培养中实行大包大揽的缺陷，而是将师范生职业技能知识的培养让位给师范生所在的中小学实习单位，将传统的教育实习变为协作培养，从而提高师范生的全方位素质的培养。协作型教育实习模式要求师范院校和师范生实习单位均制订出合理而详细的培养计划，让学生在从师范院校中学习教育理论知识的同时，在实习学校掌握作为教师所必备的教育职业技能，逐渐完成从一名师范大学生向一名合格的人民教师转变的过程。

顶岗教育实习模式是我国中西部地区师范院校实行的一种教育实习模式，与传统教育实习相比，这种教育实习模式极大地增加了学生走上讲台的机会，同时在一定程度上延长了实习时间。具体来说，顶岗教育实习模式可分为三种模式，第一种模式是置换培训，即师范院校的师范生到中小学或幼儿园顶替原有教师的教学岗位，全程担负起该岗位上的职责，包括备课、上课、教研、组织学生活动等等，而被替换的教师则利用此机会参加在岗脱产或半脱产培训，以不断提高个人综合素质和水平；第二种模式是顶岗支教，这种方式是师范实习生到农村或偏远地区等师资力量相对不足的地区进行支教，在实现实习的同时，为这些地区的基础教育而服务；第三种模式则是就业顶岗实习，这种方式是师范生以准教师的身份到教学岗位上工作，以这种实岗任教的方式实现实践与就业相结合。与传统的集中定点式实习方式相比，这种顶岗实习更加灵活，既能够解决在职教师进修或培训等相关问题，又能够补充我国中西部偏远山区的教育资源，此外，还能够让师范生提前了解未来的工作环境，不断提升和完善其职业技能，以便更加快速地适应未来的教师生涯。

委托教育实习模式是指在一些师范院校中，由于师范院校师资紧张或带队实习教师因进修或培训等原因不愿下基层对该校的实习学生进行指导时，则由师范生所在学院出资聘请中小学相关教师对到该校实习的师范生进行全权指导，并代替师范院校教师的一切职责，对学生实行全方位委托式管理和培训。这种委托实习模式与传统师范院校的实习模式相比，一方面，能够节约师范院校的教育资源，避免师范院校教师因带队实习而影响该校的教学秩序，造成教学与实习脱节；另一方面，师范院校对学生的实习评价存在不客观的情况，同时由于师范院校带队教师缺乏对基层教育现状的了解，不利于针对教学与管理工作进行创新。而委托实习模式由师范生所在实习学校的教师直接对实习生在校实习期间的职业素养进行培训和指导，有利于师范院校学生更加深刻地了解基层教育环境，了解基础教育阶段学生的需求，以及作为一名基层人民教师应该具备的素质与能力等。

除了委托实习模式之外，在师范院校实习中还存在一种部分委托教育实习的模式，这种模式是指实习指导教师分为校内实习指导教师和实习学校实习指导教师。其中，校内实习指导教师不参与实习生具体的教学实习指导工作，而是负责对实习进行管理；而学校实习指导教师则全权负责实习生的实习指导。这种模式既有利于对实习的师范生进行有效管理，同时又能使实习师范生直接学习一线基层教师的教学经验。

三段式实习模式包括认识性实习、试验性实习和毕业实习三个阶段。其中，认识实习作为实习的第一个阶段，多安排在新生进校第一学期内进行，除了对学生进行教育理论讲解外，还指导学生学习备课、编写教案，对试讲的基本功进行训练。此外，实习指导教师可组织学生利用课余和课外时间到师范院校的附属中小学或幼儿园等地进行短时间的课堂教学实践。在课堂教学全部结束后，则可组织学生对所学内容进行座谈和讨论，对学生进行技巧性指导。第一阶段实习教育的目的是使学生了解教师职业的特点，并初步感受课堂氛围，培养学生在今后学习中有意识地对教育理论和教学技巧进行学习。第二阶段的实习教育是试验性实习，多在学生入学的第四学期组织，让学生进行教案编写，并组织学生进行校内试讲，在校内试讲通过后，则通过教师评价、指正和同学互评，学生认识到自身的不足，帮助其建立理性认识，培养初步教研能力。第三阶段则为毕业实习，前两个阶段的培养使学生初步具备了教研能力，第三阶段则让学生了解、熟悉并掌握教学的各个环节和各种教学方法，以便毕业后尽快适应教学环境，成为一名合格的人民教师。

除了以上几种形式外，师范院校师范生实习方式还包括发展性教育实习模式、前延后续两段式教育实习模式、选拔式教育实习模式、带薪式教育实习模式、假期式教育实习模式、电子模拟式教育实习模式等。高等师范教育实习方式的多样化和丰富化有利于学生更好地掌握教学技巧，进行教学实践，为学生成为一名合格的人民教师奠定基础。

第三节 "立德树人"视域下师范教育实习的原则与影响因素

师范教育实习是培养实习生综合素质的环节，也是以"立德树人"为价值引领，培养合格人民教师的重要组成部分。本节主要对"立德树人"视域下师范教育实习的原则和影响因素进行详细分析。

一、"立德树人"视域下师范教育实习的原则

师范教育实习是将实习生已有教育理论知识与教育实践相结合的过程，"立德树人"视域下师范教育实习应遵循以下原则。

（一）理性知识与实践知识并重

教育实习离不开教育理论知识的指导。任何教育实践活动均需建立在教育理论基础上，这些教育理论知识对实践活动具有较强的指导性，具有理性特点，又可称为理性知识。在教育实习中，实习生在已获得的教育理论知识的基础上进行教育实践。在教育实践中，实习生通过备课、制订教学计划、写教案、试讲、正式授课、课后评课等环节中获得独特的实践知识。实习生的教育理论知识和实践知识能够相互转化，师范教育实习生在师范院校学习期间，积

累了大量的教育理论知识,这些教育理论知识由于来自书本和师范院校教师的亲身示范,缺乏教育实践经验检验,因此,很难被师范教育实习生理解和灵活运用。在实习生实践过程中,实习生可以将已获得的教育理论知识应用到教学实践的各个环节中,并且在实践中对这些理论知识进行检验。一旦教育理论知识进入教育实践环节,就可以对真实课堂教育实践产生影响,进而实现从理论知识向实践知识的转化。而师范实习生在教育实习中获得的实践知识,经由师范实习生的反思,最终可以从实践经验和实践知识转化为理性知识,从而对之后的教学发挥指导作用。由此可见,师范实习生的理性知识和实践知识之间可以相互转化。

在实习期间,师范实习生经过观摩教学、教育教学实践,获得了大量间接经验和实践经验,这些间接经验和实践经验均可经由教育实践者的反思上升为理性知识。因此,在师范教育实习期间,实习生应该对教育理性知识和实践知识采取并重原则。一方面,注重实习实践。在实习期间,实习生应重视向实习学校内的优秀专业教师进行学习,通过观摩教学、座谈、教育调查、向指导教师请教等方法向优秀专业教师学习教学经验。同时把握实习实践机会,珍惜实习期间每一次登上讲台的机会,多进行试讲和授课,将学习自他人或课本上的理性知识应用于教学实践中,从而不断提升其教育实践知识积累。另一方面,在实习期间,实习生应当形成运用知识的能力,积极、独立、创造性地将书本上学到的理论知识和来源于他人经验的理性知识与个人的教学实践相结合,深刻理解知识、掌握技能,进行教学反思,将理性知识与实践知识结合起来,不断提升认识水平和实践能力。

(二)循序渐进的原则

在实习期间,实习生面对海量教育教学知识需要坚持循序渐进的原则,逐步掌握教育工作的逻辑,学习和认识中学生的认知水平和心理发展特点,并从中小学生的认知和心理特点出发进行教学,从而达成教学目标,顺利完成教学任务。

具体来说,一方面,在实习期间,师范教育实习生应当掌握教育工作的逻辑系统。教育工作十分复杂,涉及教师、学生两个主体,还涉及学校、家庭、社会等多个方面。从教育形式上来看,教育工作可划分为课堂教育工作和课外教育工作两种类型。其中,课堂教育工作自我国近代师范教育制度形成以来就是我国师范教育工作的主体,中小学教育工作也不例外,均以课堂教育作为主要的教育方式。课堂教育工作具体是由备课、讲课、课后作业、考试等多个环节组成有机循环系统,每一个环节又可分解为复杂的子系统,这些子系统之间环环相扣,缺一不可,共同对学生产生教育影响。除了课堂教育之外,课外教育活动也十分丰富,根据参与群体的不同,课外教育活动可以划分为学校集体活动、班级集体活动、小组活动、社团活动、个人活动等类型。每一种课外教育活动类型均具有自身严密的逻辑系统。因此,在学习和掌握教育工作时,师范教育实习生应严格遵循教育工作的逻辑性。在指导教师的指导下,较为系统地掌握课内和课外教育基本知识和技能,并在教学实践中进行锻炼,不断丰富和提升教育知识和技能。

另一方面,在教育实践过程中,实习生应当遵循中小学生的认知特点和心理发展特点,对中小学生进行由浅入深、由易到难、由简到繁的知识传授。唯其如此,才能使教育教学符合学生实际的学习需要,达到较好的学习效果。

(三) 因材施教的原则

因材施教是指教学中根据不同学生的认知水平、学习能力和素质,对学生采取不同的教学方式,以便充分发挥学生的特长,弥补学生的不足,激发学生的学习兴趣,树立学生的信心,促进学生的全面发展。因材施教原则早在数千年前已被教育家使用,经过了大量实践经验证明。在教育教学活动中,实习生也应坚持因材施教的原则。因材施教的原则是以学生个体的差异性特点作为出发点采取的教学原则。实习生在教育教学实践中遵循因材施教原则可从以下两个方面着手。

一方面,师范教育实习生应对学生进行深入了解。因材施教原则是从学生的个体差异性出发,对学生进行的个性化教育和引导。因此,在教育教学中,实习生必须对学生的个体差异进行详细了解和把握。学生个体的发展既包括认知方面的发展,又包括情感、意志等方面的发展。其中学生的智力认知发展的快慢不同,学生的兴趣、个性、对知识的接受程度等也不相同。此外,学生对学习的态度、在学习过程中的意志力等也不尽相同,这些都会对学生的学习效果产生影响。在教育教学中,实习生应从学生的兴趣和爱好出发,了解学生的学习动机、学习态度、学习方法和学习中面临的困难等,从而采取合适的学习方法对学生进行引导,达到有的放矢地进行教学,切实推动学生的发展。

另一方面，师范教育实习生在实习过程中应采用集体教学与个别教学相结合的方法。实习生所面对的学生是整个班级的学生，学生的成绩水平不同，学习兴趣、学习动机、认知水平和接受水平等都不相同。因此，在进行班级教学时，师范教育实习生应将集体教育与个别教学结合起来，在照顾大多数学生的认知水平和教学进度的同时，也应对接受能力超过大多数或落后于大多数的学生的学习进度给予关注和留意，以免这两部分学生丧失对学习的兴趣和激情。对于认知水平较高、接受能力较好的学生，实习生应加以引导，对其提出更高的要求，而对于认知水平较低、接受能力较差的学生，则应对他们进行耐心指导和教育，帮助学生迎头赶上大多数学生的认知水平。

只有在教学中采用因材施教的原则，才能确保班级整体学习水平的提高，才能实现"立德树人"的目标。

（四）坚持以实习生为主体的原则

师范教育实习生在实习过程中需要接受指导教师的指导，此外，实习生也需要在实习过程中充分发挥主观能动性，进行自我学习，唯其如此，才能快速提升其教学水平和整体素质。实习生由于教学实践经验相对不足，因此在教育实习中，实习生的行为应在指导教师的指导下进行。指导教师是实习生在实习工作中最依赖的人，他们的一言一行受指导教师的影响较大。然而，在教育实习生活动中，应遵循以实习生为主体的原则。这一原则主要体现在两个方面。

一方面，实习指导教师在对实习生进行指导时应以实习生的需求为主要对象。在对实习生的指导过程中，实习指导教师应从实习生的实际需要出发，为实习生制订各种实习计划，帮助缺乏教育实践知识和能力的实习生在较短时间内迅速提高作为教师所需要的各方面综合素质，成为一名社会需要的合格教师。在此期间，师范院校指导教师和实习学校指导教师应通力合作，共同商量，对实习生的教育进行良好的引导。

另一方面，实习生在实习过程中应重视充分发挥自身实习的积极性。教师活动是一项对实践活动依赖性较强的活动。无论实习生的教育理论知识多么丰富，要想成为一名合格的教师，就必须在实际教学中进行教育理论检验和教学方法磨炼等。实际教学情境是一个无比复杂、千变万化的环境，实习生面临的学生的年龄阶段、认知水平、接受水平、学习兴趣、学习动机、学习动力等因素一旦变化，其教学方法也必须发生变化。此外，实习生必须拥有足够丰富的教学经验，才能处理教学中出现的各种突发现象和突发问题。教育实践中获得直接经验无法以书本上或他人传授的间接经验代替，实习生只有在大量的理论学习和实践学习中将直接经验和间接经验有机结合在一起，才能形成独特的教学风格，才能成为一名独立的、合格的教师。所以，实习生在实习教师的指导下必须充分调动自身的实习积极性，主动进行直接经验和间接经验学习，并且在课堂教学结束后积极对课堂教学进行反思，将课堂教学中获得的实践经验进行不断升华，上升到理性知识层面，才能指导其教学实践。从这一视角看，实习指导教师的指导无法代表实习生的自主学习，而实习生在实习活动中主动性和积极性越高，就能越快地获得丰富的实践知识，不断提升其综合教学水平，才能实现"立德树人"的目标。因此，师范教育实习生在实习过程中必须坚持以实习生为主的原则。

（五）与他人和睦相处的原则

师范教育实习活动是一项十分复杂的活动，涉及方方面面的因素，能对实习生的素质和能力进行综合的锻炼，而良好的人际关系是实习任务完成的保障。因此，在师范教育实习活动中，实习生应该遵循友好对待他人，与他人和睦相处的原则。

在教育实习实践中，实习生往往需要离开熟悉的大学校园，到实践基地或与师范院校签约的实习学校进行较长时间的实践教学活动。实习生进入实习学校后所面临的是一个全新的、真实的教学环境，在日常实习活动中，实习生需要与师范院校实习指导教师、实习学校实习指导教师、实习学校管理人员、实习学校其他任课教师、学生、家长等人进行交流与合作。实习生只有与不同群体和个体之间建立良好而和谐的关系，才能顺利进行实习活动。因此，实习学生在实习活动中应坚持尊重他人和与他人和睦相处的原则。具体来说，实习生在实习期间应做到以下几项内容。

1. 尊重实习学校管理人员和教师

实习生在实习学校实习期间属于实习学校教师，应服从实习学校管理人员的安排，保证实习学校的正常教学秩序，并且尊重学校管理人员，与学校管理人员之间建立良好合作关系。在实习过程中，实习生要尊重实习学校管理人员和教师，并且倾听他们的意见或建议，严格遵循实习学校的规章制度。在与实习学校的原任课教师和原班主任的交往中，实习生应当尊重并理解他们之前所做的教学计划，主动将自己的实习计划纳入原任课教师和原班主任所作的计划中，并且将实习计划和实习方案与他们协商，获得原任课教师和原班主任的支持。当在实习教学或担任实习班主任期间遇到任何问题时，实习生均可与原任课教师和原班主任进行沟通，多向他们请教经验，并及时与他们交流自己的思想、收获以及在教学工作开展中遇到的各种困难，寻求他们的支持和指导。在这一过程中，实习生应坚持在尊重对方意见的基础上，保持教学的独立性，以便在教育教学实践中获得真正的提升。

2. 尊重学生并热爱学生

学生是教学的主体，也是教学效果的直接体现者，是实习生进行教育实习的主要对象。不同年龄阶段的学生的特点不同，尤其是中学高年级学生的独立性和自主性较强，对事物已经形成独立的判断，在与这些学生相处过程中，实习生应充分重视与学生之间的关系，尊重学生，爱护学生，并且以自己的良好形象和良好品德感染学生，获得学生的认可。在实习教学中，实习生要认真教书育人，充分理解学生和尊重学生，在学生遇到困难时，及时帮助学生，与学生建立良好和谐的关系。实习生在担任实习班主任期间应当与学生干部之间保持良好的交往关系，信任和培养班干部，鼓励并支持班干部的工作。与此同时，实习生也要处理好与普通学生之间的关系，了解每一位学生，与学生之间保持接触和交往。在实习期间，实习生在关注学生的成绩之余，也应关注学生的心理，引导学生形成积极向上的心理和思想道德品质。

3. 尊重家长，与之建立良好的沟通关系

在实习期间，实习生需要进行家访或召开班级家长会等，在与学生家长进行交往时，应本着尊重家长的原则，与学生家长之间建立良好的沟通关系。学生家长作为学生的主要监护人，对学生在校的一切表现十分关注，对此，实习生作为实习教师应充分理解家长的感受，并与学生家长就学生的近期表现，以及学生家长的期待，学校和家庭如何共同为学生创建良好的学习和成长环境等问题进行平等沟通。在与家长进行交流和沟通时，实习生应当尽可能获得学生家长的信任和配合，唯其如此，才能实现家校共建，共同为学生创造良好的学习环境，以实现"立德树人"的目标。

二、"立德树人"视域下师范教育实习的影响因素

师范教育实习是师范教育的重要环节，也是师范生提高独立教育教学能力的关键。从"立德树人"视域来看，影响师范教育实习的主要因素表现在以下几个方面。

（一）实习工作场所因素

实习工作场所是实习生开展实习活动必不可少的场所，实习场所在实习生的实习活动中起着十分重要的影响。1993年，西方学者史蒂芬·比利特提出了工作场所学习理论，史蒂芬认为，工作场所学习是一种学习者在真实场景中参与各种工作实践任务并且从中获得知识和经验，提升工作技能的重要途径。工作场所理论提出后，引发了国内外学术界的广泛关注。史蒂芬指出，学习者在工作场所中所获得的知识和经验等学习成果与学习者从事工作的类型，学习者所获得的包括组织支持、直接和间接指导，学习者参与工作场所互动并理解建构知识等因素有关。工作场所学习质量既受学习者个人因素的影响，又受到外部因素的影响。

工作场所理论强调在真实的情境中学习，实践者所在的工作场所就是学习场所。在师范教育实习活动中，实习教师作为一名未来教师，在中小学实习基地进行工作，而中小学实习基地就是实习教师的准工作场所。根据工作场所学习理论，教育实习工作场所在教育活动中起着十分重要的作用，实习生在实习学校的学习具有学习和工作的双重性质，一方面，师范生在实习学校的实习过程中全程接受实习指导教师的指导，从中学习教育实践知识，另一方面，师范生在实习学校的实习中承担任课教师和实习班主任的工作职责。师范生在实习工作中的学习对象是人而非物，在实习过程中，师范生既向指导教师学习，又向实习学校的其他任课教师学习；既向学生学习，又向家长学习；既向其他师范实习生学习，又进行自我学习。师范生在实习场所的学习往往由师范院校指导教师和实习学校指导教师共同指导。此外，在实习学校实习期间，实习生往往还穿插着大学教育，如写教育实践论文、进行教育实践调研等活动。

从以上实习生在教育实习学校的学习特点来看，实习生在实习学校的实习活动需要获得大量外界资源的支持，具体包括师范院校的支持和实习学校的支持，师范院校实习活动组织者对实习活动的组织、管理力度，以及实习学校指

导教师、任课教师、学校管理层、学生家长等群体的支持。否则，如果师范院校在学生的实习活动中准备不足，具体的教育实习方案、教育实习指导手册、具体实习活动路径等均不能满足实习生的实习需要，那么将不利于实习生的实习活动展开，就难以实现实习活动目标。例如，有的师范院校在开展实习活动时提前组织各种实习讲座和培训中，通过实习指导教师、校外名师分享，师兄、师姐分享等活动，让实习生充分了解实习过程中可能会遇到的各种状况。在实习活动中，对实习学校的情况进行充分了解可以为实习生提供多种政策支持。从实习学校来看，实习学校指导教师、任课教师以及原班主任的支持与否对实习生所产生的作用十分重要，直接关系着实习生在实习场所工作展开的顺利与否，也是实习生能否实现实习目标和"立德树人"教育目标的重要环节和要素。

（二）实习指导教师因素

我国师范教育中推行"双导师制"，由师范院校的指导教师和实习学校的指导教师共同对实习生进行实习指导。然而，两位指导教师在实习活动中所起的作用并不相同。其中，师范院校实习指导教师通常对实习生进行教育理论指导，并在实习生教学期间进行课堂教学检查和评价。而实习学校指导教师则在实习生的实习过程中为实习生提供教学实践机会、帮助实习生改进教学、向实习生传授教学经验或班级管理经验、帮助实习生解决工作过程中遇到的各种问题或困难、参与实习生教育实习成绩评定、向师范院校负责人或师范院校指导教师提供实习生实习工作情况反馈等。由此可见，实习指导教师在实习生实习期间起着十分重要的作用。

如果实习指导教师不能在实习生实习期间给予他们应有的指导，那么实习生在实习期间就可能无法达到既定的实习目标，或需要花费更长时间才能达到实习目标。在实习生实习期间，实习指导教师既要对实习生进行教学实践训练，培养实习生独立教学的能力，也要培养实习生的班级管理能力，尤其应当培养实习生的德育素质。实习指导教师如果在教育实习中不注重对实习生的德育教育，将会直接影响实习生的德育水平，进而影响师范教育"立德树人"的效果。

从"立德树人"视域看，实习指导教师在实习期间的影响因素突出表现在以下几个方面。

1. 实习指导教师责任意识

实习指导教师责任意识的强弱是实习生实习目标能否达成的关键。有的师范教育实习指导教师在担任实习指导教师期间，还忙于进行科研工作，以至于疏忽了对实习生的理论教育与指导，从而导致师范实习生被指导教师的不负责而伤害情感，在潜移默化中对师范实习生的责任意识产生不良引导。对实习学校指导教师来说，他们普遍认为指导实习生进行实习工作是师范院校的责任，因此常常忽视在教学中对实习生的指导。在现实中存在着一些实习学校指导教师主观上不愿接受实习生，不愿对实习生进行指导，对待实习工作敷衍了事，积极性不高，从而导致实习生实习质量较差的现象。而对于中小学教师，尤其是中学较高年级的教师来说，其本身肩负着较大的教学压力，在日常繁重的教学任务之余，很难对实习生进行细致入微的指导，从而影响实习生实习质量。除此之外，一些实习学校的指导教师由于思想较为保守，很难接受新的教育理念，因此在教育教学中仍然坚持使用多年前的教育理念。然而，随着时代的变迁，学生特点的变化以及教学内容的变化，实习指导教师的教育理念已远远不能适应教学的新情况、新发展，难以满足实习生的实际需求。实习指导教师中存在的这些不负责任的现象不仅无法满足实习生学习教学实践经验的需要，还会给实习生留下深刻印象，从而影响实习生的教师认同感，难以在实习中实现对实习生的道德培养。

2. 实习指导教师指导能力

在教育实习活动中，实习指导教师指导能力的高低直接决定了实习生实习质量的优劣。一般来说，实习指导教师应具备向实习生明确传达教育信息指令的能力、因材施教的能力、结合教学实际、对实习生进行有针对性的指导的能力、及时反馈教学效果的能力、对实习生的实习工作进行客观评价的能力、引发实习生在教学实践中进行反思的能力、指导实习生掌握教学技巧的能力等。然而，在实际教学实习中，实习指导教师的指导能力参差不齐。实习学校或实习基地的许多实习指导教师均通过实习学校的安排确定，许多身处一线的中小学教师在教学过程中虽然积累了丰富的实践经验，然而，由于他们没有对教育经验进行整理和反思，难以将教育经验上升至理论高度，从而导致教育理论知识和教育素养缺失的现象，难以满足实习生的实际需求。除此之外，由于在教育实习活动中缺乏相关激励机制，一些中小学教师不愿对实习生进行指导。无论是实习指导教师的能力水平参差不齐,还是实习指导教师缺乏对学生进行指导的意愿,均会对实习生的实践教学活动造成不良影响,从而影响"立德树人"目标的实现。

3. 实习指导教师角色职责

实习指导教师的角色职责是否清晰也是影响教育实习目标能否达成的关键。在教育实习活动中,实习指导教师不仅是实习生实习活动开展的引导者,还是实习生在实习活动中的示范者、教育者、指导者和协调者,也是实习活动的监督者和评价者,是实习生梦想的实现者。只有清晰地了解了实习指导教师的职责,实习指导教师才会在实习活动中充分发挥其主观能动性和积极性,推动实习活动的开展。然而,在现实实习活动中,许多实习指导教师存在着对自身职责和角色定位模糊的现象。

一些实习学校或实习基地的实习指导教师大多将自身定位为课堂教学技能的指导者,因此常常在实习生教学实践中对实习生进行课堂教学技术指导,然而却忽视了对实习生进行反思指导。当实习生在实习中遇到困难,求助实习指导教师时,实习指导教师常常直接为实习生解决问题,然而却很少让实习生对遇到的困难进行反思。除此之外,实习学校的教育实习指导教师常常将自身定位为旁观者和评价者,较少参与实习生的教学。实习指导教师对自身职责和角色的定位不清将会导致教师在实际指导中难以落实其职责,导致师范实习生在实习中仅仅是对实习教师进行模仿,而不能培养其反思能力,从而极大地影响了教育实习质量的提升。

4. 实习指导教师与实习生之间的交流与沟通

实习指导教师与实习生之间是一种教与学的关系,如果双方不能进行良好的交流与沟通,则会直接影响实习生的实习质量。教育实习指导中的交流与沟通不顺畅主要表现在实习学校教育实习指导教师与实习生之间、实习指导教师与师范院校教育实习指导教师之间、师范院校教育实习指导教师与实习生之间。

教育实习活动是一项综合性较强的活动,涉及师范院校、实习学校、实习生、实习指导教师等多个机构或个体,只有这几个方面通力协作,教育实习活动才会取得良好的效果。否则,教育实习活动将难以达到良好效果。例如,有的师范院校教育实习指导教师与实习学校教育实习指导教师之间的交流与沟通较少，彼此之间缺乏有效信任，往往导致双方无法针对实习生进行良好的教育，从而影响实习教育质量。又如，师范院校教育实习指导教师往往在进行实习指导时还承受着较大的科研压力，难以集中精力对实习生进行指导，同时与实习学校教育实习指导教师与实习生之间的交流较少，难以产生统一的教育合力，从而影响实习教育质量，影响"立德树人"目标的达成。

（三）实习生自身因素

实习生自身因素也是影响实习活动中实习质量的重要因素。实习生作为实习活动的主体，其对教育实习的态度、实习规划、环境适应性、学习力、反思力等均会对实习质量产生影响。

1. 实习生的实习态度和实习规划

实习生作为实习活动的主角，对教育实习的态度直接决定着实习质量。如果学生对教育实习的期待值较高，对实习抱有积极态度，并且在实习活动开始之前进行全面的职业规划，明确自身的长处与不足，制定清晰的实习目标，有针对性地提升自身的学识和经验，就可以在实习过程中遇到问题或困难时能够积极寻求解决问题的方法。与之相反，如果实习生对实习的期待较高，抱有积极态度，然而却在实习前没有做任何准备，那么实习生在实习活动中就极易陷入迷茫状态，当遇到困难或问题时往往陷入被动，不知如何解决。这样的实习生在实习结束后往往较为失落，难以达到实习目标。此外，如果实习生的实习期待值较低，对实习活动持有消极态度，那么，实习生的实习质量也会较差。由此可见，实习生的实习态度和实习规划对实习生的实习质量起着重要影响。

2. 实习生的环境适应性

实习生在实习活动中需要暂时离开学校，到实习学校或实习基地进行实习。实习学校或实习基地的教学环境与师范院校的教学环境不同，教学氛围也不尽相同。实习生在实习过程中能否尽快适应环境是决定实习生实习质量高低的关键。在实习生所面临的环境中，教师不再是师范院校的教师队伍，而一支在新的教育环境中开展实习教育活动的教师队伍。实习生能否适应实习学校的环境，能否在实习学校中开展实习工作，能否与实习学校的师生打成一片等，均是实习生能否适应环境的关键。如果实习生的环境适应性良好，能够适应环境的需要，那么实习生就能够在短时间内取得较好的实习质量，达成实习目标。相反，如果实习生的环境适应性较差，不能在短时间内适应实习环境，那么实习生的实习质量则会大大降低，难以取得良好的成绩，难以达成实习目标。实习生的目标难以达成将直接影响实习生的"立德树人"目标的实现。

3. 实习生的学习能力和反思能力

实习活动是一项将已有教学理论知识应用到教学实践中的活动，是在实习实践中进行学习和反思的活动。实习生的学习能力和反思能力将直接影响实习生的实习质量。

教育活动是一项实践性较强的活动，其中蕴含着许多教育理念、教育方法、教育基础能力等多种知识。这些知识虽然通过课本或观摩其他教师上课均能够获得，然而间接获得的教育知识均需在教学实践中进行检验，并且只有经过深刻反思，才能转化为实习生自身的知识，才能提升实习质量。

例如，在教学理论学习或观摩上课时，实习生无法切身体会教学的复杂性。而当实习生站在真实的讲台上，面对一个个鲜活而充满个性的学生时，才会深刻体会教学活动的复杂性。在教学过程中与学生进行互动以及处理各种突发状况时，甚至讲课的声音、节奏、板书的设计、提问的时机，上课时长的把握等都蕴含着丰富的知识，这些知识均需要实习生进行大量深入实习才能获得。而当学生进行实习实践后，就拥有了实习经验，随着实习生讲课越来越多，所积累的实习经验也就越来越多，实习生就可将教育理论知识与实践经验进行对比、结合、反思，最终通过有效反思将实践经验上升至理性知识，从而可以对其日常教育活动进行指导。由此可见，实习生的学习能力和反思能力在实习生教育教学中具有重要影响。此外，实习生的学习能力和反思能力还是实习生实现"立德树人"目标的重要途径。

第四章
师范教育实习中的社会主义核心价值观教育

第一节　社会主义核心价值观简述

"立德树人"是发展中国特色社会主义教育事业的核心内容，也是培养德、智、体、美全面发展的社会主义建设者和接班人的本质要求。社会主义核心价值观是师范教育"立德树人"的重要组成部分。党的十九大报告中强调，"必须坚持马克思主义，牢固树立共产主义远大理想和中国特色社会主义共同理想，培育和践行社会主义核心价值观"。本节主要对社会主义核心价值观的历史渊源、内涵、特征、意义进行详细阐释。

一、社会主义核心价值观的历史渊源

任何一种思想的产生均有其特定的历史发展基础与渊源，社会主义核心价值观也不例外。社会主义核心价值观的形成既与中华民族优秀传统文化思想之间存在着紧密联系，又与空想社会主义和资本主义核心价值观之间存在着千丝万缕的联系。

（一）对中华民族优秀传统文化的继承与创新

中华民族在数千年的历史长河中形成了无数博大精深、内容丰富的中华传统文化。社会主义核心价值观作为新时期中国人民的行动纲领思想，与中华民族优秀传统文化一脉相承，是对中华优秀传统文化的继承和创新。中国优秀传统文化中蕴含着重自强、重和谐、重爱国、重伦理、重民本等优秀思想和文化。其中，自强精神体现了中国人民坚韧不拔、自强不息的精神。《史记》中所记载的："盖西伯拘而演《周易》；仲尼厄而作《春秋》；屈原放逐，乃赋《离骚》；左丘失明，厥有《国语》；孙子膑脚，《兵法》修列；不韦迁蜀，世传《吕览》；韩非囚秦，《说难》《孤愤》；诗三百篇，大氐贤圣发愤之所为作也。"[①] 这些人物均具有坚韧不拔的毅力和自强不息的精神。中华民族自强不息的精神不仅体现在个人的逆境中，还体现在民族危亡之际和国家建设方面，现阶段，我

---

① ［西汉］司马迁.史记全本（下）[M].沈阳：万卷出版公司，2016：331.

国正处于社会主义建设的关键时期，我国人民应继续发扬自强不息的精神，增强民族向心精神和凝聚力，不断推动中华民族的发展。

和谐理念是中华民族传统文化的思想精髓和内在气质，中华民族自古以来就是一个追求和谐的民族。例如，道家将自然视为生命的源泉与归宿，追求人与人、人与自然之间的和谐。现阶段，我国正处于社会主义发展和建设的关键时期，和谐理念依然是促进社会稳定发展的重要因素。除以上两个方面之外，伦理思想和民本思想也是中华民族传统文化的重要思想组成部分，在推动中华民族发展过程中起着十分重要的作用，在历史关键时期不断指引着中华民族的前进与发展。

综上所述，中华民族优秀传统文化源远流长、博大精深，是社会主义核心价值观的深厚思想源泉。在继承中华民族优秀传统文化时，社会主义核心价值观应注意区别传统文化的性质，对精华部分进行继承和发扬，对糟粕进行扬弃，有效克服不良传统文化的影响，做到与时俱进，不断创新和进步。

（二）对空想社会主义思想的借鉴与发展

空想社会主义思想是科学社会主义的逻辑起点，在科学社会主义诞生之前，社会主义思想经历了较长时间的摸索与历史发展过程。空想社会主义思想在推动科学社会主义思想发展中起着十分重要的作用。空想社会主义诞生较早，以英国托马斯·莫尔所著的《乌托邦》一书的出版为标志。空想社会主义价值观的主要内容包括和谐、平等、民主、劳动、幸福、人的全面发展。空想社会主义者所构想的未来社会是一个和谐完美的社会，在这个社会中，城市与乡村之间、脑力劳动和体力劳动之间，工业生产和农业生产之间、生产与消费之间的差异和矛盾被消除，人们之间形成了和谐的人际关系。

自进入私有制社会以来，人类社会一直存在着较强的社会不平等现象，空想社会主义者则追求平等社会，要求平等不仅包括个人的社会地位，还包括消灭阶级特权与阶级差别本身。空想社会主义者早在数百年前就反对社会世袭和权力滥用，要求对社会管理者的权力进行监督与制约。空想社会主义者追求民主思想，倡导管理者为其他公众服务的思想，例如，空想主义者杰勒德·温斯坦莱明确提出了国家公职人员是人民的公仆思想，倡导以法律确保公民权利，并对管理者进行约束。这一思想对科学社会主义中的民主与法治思想的产生与发展起着十分重要的启发作用。

劳动是人类的天职与义务，在现代社会和未来社会中，劳动是每个人的义务和责任。空想社会主义者倡导人类应该参加劳动，认为劳动不仅是人类创造大量物质财富的必备手段，还是人类塑造和培养美好道德和优秀的品格的重要途径。例如，空想社会主义者克劳德·昂利·圣西门就曾明确指出，劳动是一切美德的源泉，最有益的劳动应当最受尊重。[①] 科学社会主义中的劳动观念就是在继承空想社会主义劳动观念的基础上形成的。

空想主义者将人类追求幸福的行为视为社会行动的目的，倡导在人类社会建设和发展中为公众创造幸福感。空想社会主义者对幸福的追求对科学社会主义建设和发展产生了一定的启发。

空想社会主义者还追求人的全面发展，倡导社会中的每个成员均应受到良好的教育，具备较强的综合素质和优秀的品格，促使社会成员朝着全面发展的方向发展。

空想社会主义本身作为科学社会主义形成和发展的重要阶段，在推动科学社会主义发展方面起着十分重要的积极作用。虽然空想社会主义具有较强的思想局限性，但是空想社会主义对资本主义制度进行了深刻的揭露与尖锐的批评与抨击，并且提出了许多社会发展的合理主张与构想，对科学社会主义的发展与建设起着十分重要的借鉴作用。此外，空想社会主义的价值观还对中国特色社会主义核心价值观的形成与发展起着重要的借鉴作用。

（三）对资本主义核心价值观的超越与创新

资本主义是社会主义的准备，社会主义在历史上是作为资本主义的对立物而出现的，是以资本主义理论和历史逻辑为前提的。社会主义核心价值观在形成与发展过程中对资本主义核心价值观进行了批判地继承，是对资本主义核心价值观的超越与创新。

资本主义核心价值观主要包括自由、平等、人权、法治、博爱。其中，资本主义核心价值观倡导自由，认为自由是人的自然权利，是人生而具备的权利，资本主义核心价值观中的自由思想的范畴十分广泛，其中最重要的自由思想是政治自由和经济自由。政治自由是指任何公民均享有言论、集会、结社、出版以及参与政治事务的自由；经济自由则是指任何公民均享有自由竞争、自

---

① [法]圣西门.圣西门选集（第2卷）[M].董果良，译.北京：商务印书馆，1985：71.

由贸易、资本自由以及其他生产要素之间的自由流通，以自由地追求个人利益。资本主义核心价值观的自由思想对世界的发展产生了较大的影响。除了自由之外，平等是资本主义核心价值观中的重要组成部分。资本主义启蒙思想者认为，人类生而平等，受资本主义启蒙思想家的影响，资本主义平等理念和思想已逐渐被世人所认知和认同。资本主义核心价值观中的人权思想是指人生而为人的权利，早在17世纪资产阶级革命中就提出了著名的"天赋人权"理论，该理论的提出标志着资本主义核心价值观中人权思想的形成，现阶段，西方资本主义核心价值观中的人权思想主要指尊重人的自由和尊严，追求人类的幸福。资本主义核心价值观中的法治思想的目的是保障公民的自由与权利，并且主张只有在自由民主政权体系下，才有可能实现社会法治化管理。西方资本主义核心价值观中的法治思想具有明晰性、实效性、稳定性、可行性和法律至上等特点，对社会主义核心价值观中法治思想的提出与发展起着重要的借鉴作用。资本主义核心价值观中的博爱思想是指广泛地爱一切人和生命，博爱思想在西方资本主义建设与发展中的应用在一定程度上缓解了西方社会人和人、阶级和阶级之间的矛盾，促进了资本主义的发展。

综上所述，西方资本主义核心价值观中的自由、平等、法治、人权、博爱形成了资本主义核心价值观的基本内容，对促进西方资本主义社会的发展起着重要推动作用。在社会主义核心价值观的建设与发展过程中，我国应对资本主义核心价值观采取科学态度，既应正视资本主义核心价值观中有利的、积极的一面，又应认识资本主义核心价值观中虚伪和欺骗性的一面，对资本主义核心价值观进行超越与创新，从而推动社会主义核心价值观的形成与发展。

二、社会主义核心价值观的内涵与特征

明确了社会主义核心价值观的思想渊源后，接下来主要对社会主义核心价值观的内涵与特征进行详细阐释。

党的十八大报告中用十分简洁的语言对社会主义核心价值观进行了阐释，2017年党的十九大报告中进一步指出："社会主义核心价值观是当代中国精神的集中体现，凝结着全体人民共同的价值追求。"[①] 社会主义核心价值观的内涵

[①] 本书编写组. 十九大报告关键词[M]. 北京：党建读物出版社，2017：93.

主要为富强、民主、文明、和谐、自由、平等、公正、法治、爱国、敬业、诚信、友善，共24字。这些内涵可划分为三个层面，即国家层面的价值目标、社会层面的价值取向、个人层面的价值准则。

(一) 社会主义核心价值观在国家层面的价值目标

社会主义核心价值观在国家层面的价值目标为"富强、民主、文明、和谐"，这8个字既是我国社会主义现代化国家建设的目标，又是对社会主义核心价值观基本理念的提炼，在社会主义核心价值观中处于最高层次，对自由、平等、公正、法治、爱国、敬业、诚信、友善等社会主义核心价值观具有统领作用。

富强，即国富民强，是社会主义核心价值观国家层面价值目标的重要组成部分，也是数千年来中华民族矢志不渝追求的目标和方向。中华民族在数千年的发展史中，虽历经磨难，但历朝历代的人民却始终以坚强的意志和顽强的拼搏精神傲然屹立于世界民族之林，追求国富民强的理想。只有实现国家富裕、人民富足，才能为国家的建设和发展提供充足的物质基础，才能为国家和人民战胜一切挫折和困难奠定基础，也才能为实现中华民族的伟大复兴目标提供有力支撑。

民主，即人民当家作主。中国共产党对人民民主十分重视，将人民民主视为现代社会主义国家民主政治的基础。社会主义核心价值观中的民主是中国共产党追求人民至上和人民主体的价值追求的体现，也是社会主义政治建设的价值目标。实现社会主义民主政治就要将党的领导与人民当家作主和依法治国有机统一起来，唯其如此，才能为中华民族伟大复兴的中国梦的实现奠定广泛的人民基础。

文明是社会主义核心价值观国家层面价值目标的重要组成部分，也是中国特色社会主义文化发展的核心价值。文明是一个国家的灵魂和人民素养的集中体现，也是构建国家文化软实力建设的重中之重。一般来说，文明建立在一个国家一定物质生活基础之上，是对积极健康的精神生活的追求和向往，是一个国家核心竞争力的重要体现。

和谐是社会主义核心价值观国家层面价值目标的重要组成部分，社会和谐是中国特色社会主义的本质属性，也是人与人之间、人与社会之间、人与自然之间理想关系状态的体现。和谐作为一种人类社会的理想生存状态和生活方式，寄托着人类对生活的美好向往。我国人民自古以来就对和谐孜孜以求，而在社会主义现代化建设的今天，以及实现中华民族伟大复兴的中国梦的过程中，对和谐的追求显得尤为重要。

富强、民主、文明、和谐作为社会主义核心价值观国家层面的价值目标，在社会主义国家建设中起着十分重要的作用。富强、民主、文明、和谐是一个有机联系的整体，其中，富强是民主、文明与和谐实现的物质保障；而民主则为富强、文明与和谐的实现提供了政治制度支撑；文明是富强、民主、和谐实现的精神动力；和谐则为富强、民主、文明的实现提供了良好的环境基础。只有四者相互影响，协调发展，才能为国家保持旺盛生机与活力奠定基础。除此之外，富强、民主、文明、和谐的还是一项十分复杂的系统工程，为了实现这一工程，需要党和人民共同奋斗，只有充分发挥党和人民的共同力量，才能推动社会主义健康、积极发展。

（二）社会主义核心价值观在社会层面的价值取向

社会主义核心价值在社会层面的价值取向为"自由、平等、公正、法治"。其中，自由是社会主义核心价值观在社会层面的价值取向的重要组成部分，是指社会主义国家中的个人对自觉、自愿、自主的意志与行为的向往与追求，是个人的自由全面的发展，包括个人的意志自由、存在和发展的自由。

平等是社会主义核心价值观在社会层面的价值取向的重要组成部分，是指的公民在法律面前一律平等，人人享有公平的社会权益，同时平等履行社会义务。在社会主义内部营造自由平等的社会主义市场经济环境，有利于充分激活各个社会主体的发展潜力与发展活力，从而推动社会主义市场经济朝着健康、可持续的方向发展。

公正是社会主义核心价值观在社会层面的价值取向的重要组成部分，是指社会公平和正义，社会主义核心价值观的公正是以人的解放、自由平等权利的获得为前提，是国家和社会发展的根本价值理念的体现，也是社会主义制度的本质体现，是发展社会主义和谐社会的标志。只有建立起公正的社会环境，国家中的每一位公民才能平等地享受教育、就业以及有参与社会公共生活的权利，社会成员才能获得平等的发展机会，社会才能保持健康发展。而一旦社会公正缺失，则会引发社会中人与人之间的不平等，从而引发各种社会矛盾与冲突，不利于社会的健康稳定与和谐发展。

法治是社会主义核心价值观在社会层面的价值取向的重要组成部分，是指依法治国，依法治国是社会有序运行的法律和制度保障，如果一个现代化国家不以法律制度作为支撑，那么社会的运行将会变得混乱无序。相反，只有坚持依法治国、依法执政和依法行政，才能推动社会经济、政治的稳定发展，才能确保人民群众的利益不受侵害。

社会主义核心价值观中的自由、平等、公正、法治作为社会主义社会层面的价值导向，四者之间既相互独立又相互联系，具有不可分割的客观关系。其中，自由和平等是社会发展的活水之源，在整个社会健康发展中起着重要的基础作用，公正则是社会健康发展的环境保障，法治是社会健康发展的有力支撑。四者之间相互作用又互相影响，共同促进社会健康、持续、稳定发展。现在，我国正处于社会主义建设的初级阶段，随着社会主义市场经济的发展，各阶层之间的利益关系显得纷繁复杂，社会主义市场竞争中屡屡出现不正当竞争、无序竞争，甚至道德失范行为。与此同时，社会主义市场经济的发展极大地提升了我国社会人民群众的经济发展水平，而经济发展促进了人民权利意识的发展，人民群众对社会公平和正义提出了更高要求。社会主义法治理念包括依法治国、执法为民、公平正义、服务大局和党的领导五个方面。从社会主义市场经济的发展现状与人民群众的社会需求角度来看，倡导自由、平等、公正、法治是实现中华民族伟大复兴的中国梦的基础，也是为人民谋福祉、为人民谋幸福的重要途径，还是凝聚社会共识、振奋社会主义人心、增强社会主义信心，以及推动中国特色社会主义不断发展的精神支撑。因此，在社会主义建设和发展中，必须将自由、平等、公正、法治作为社会主义社会层面的价值导向，才能推动社会的健康、可持续发展。

（三）社会主义核心价值观在个人层面的价值准则

社会主义核心价值观在个人层面的价值准则主要为"爱国、敬业、诚信、友善"，这是社会主义国家公民必须恪守的价值准则与基本道德准绳，也是公民道德行为评价的基本价值标准。社会主义核心价值观必须扎根于现实生活，体现在人民群众的日常生活中，并通过社会法律法规等制度手段固定下来，才能成为一种公认的社会文化，才能转化为社会主义国家中人民群众的内在信念和自觉行为。

个人在现代社会中不能独立于国家和社会存在，而是与国家和社会紧密联系在一起。爱国主义情感是中华民族的传统情感，贯穿于中华民族发展和复兴的整个历史过程。爱国主义是中华民族每个公民的责任与义务，也是中华民族数千年传统优秀道德思想之一。在中华民族五千年发展史中，虽历经曲折与磨难，但却依靠爱国主义而屡次崛起，不断由弱变强，造就了中华民族自强不息的精神。爱国思想既表现为对祖国壮美河山、优秀历史文化的浓厚情感，又表现为个人对祖国的深厚依赖之情。在社会主义建设和发展阶段，爱国主义精神是社会主义各族人民凝聚情感和建设社会主义中国的热情的至关重要的核心价值观。

敬业，是指重视和热爱自己所从事的工作，只有热爱自己的工作，才能在工作中充满热情，认真、细心地进行工作，从而升华为对工作集体和对国家的热爱。社会工作中的敬业者一般具有较强的集体荣誉感和集体责任感，在获得个人成功的同时，希望集体因个人获得荣誉而自豪。一个国家由千千万万个体而组成，只有国家和社会中的个体持有敬业理念，才能实现中华民族伟大复兴的宏伟目标。

诚信，即以诚待人，取信于人，包含忠诚与守信两种重要思想。诚信是中华民族基本的道德评判标准，无论从事哪一个职业，其基本要求均为诚信，体现了中华民族独特的社会道德评判尺度。社会主义核心价值观中的诚信不仅包括个人道德修养层面，还包括社会公德和国家之间友好交往的行为准则。诚信体现在社会建设和发展中的方方面面，小到个体与个体之间的约定，大到国家与国家之间的交往，都需以诚信作为准则。

友善是指待人友好，与人真诚。友善是中华民族传统的处事准则，也是社会主义公民之间基本关系的价值准则。友善不仅能够体现出个体素质，还能够体现出一个国家和社会的整体文明程度。

爱国、敬业、诚信、友善是国家治理对公民个体的价值要求。任何一个国家和社会均离不开社会公民个体，公民不能脱离社会和国家而单独存在，在社会主义社会中，每位公民都具有追求个人梦想和价值的权利，而公民个体作为整个国家和社会的一员，只有将个人命运与整个国家和整个社会的命运联结在一起，将个人理想纳入国家理想和社会理想的行列中，才能更好地实现个人理想，而在这一过程中也能够推动整个国家和社会理想的实现。从这一视角来看，中华民族伟大复兴的中国梦的实现过程就是社会公民不断践行社会主义核心价值观的过程，也是社会公民不断参与社会主义建设的过程。而社会主义公民坚持在社会主义建设和发展中践行爱国、敬业、诚信、友善的核心价值观，对促进社会主义健康、可持续建设与发展起着极其重要的推动作用。

三、社会主义核心价值观的意义

社会主义核心价值观是社会主义国家公民凝聚思想、树立理念和信念、凝结精神气质的强大力量，也是中国共产党和中国人民共同奋斗的信念支撑，在社会主义建设和发展以及在实现中华民族伟大复兴的中国梦的过程中具有十分深远的意义。具体来说，社会主义核心价值观的意义包括以下两个方面。

（一）社会主义核心价值观有利于维护我国意识形态安全

现阶段，从世界形势发展趋势来看，世界正处于大发展和大变革时期，随着第三次科技革命的发展，世界各国的综合国力正面临着激烈竞争，各种思想文化观念相互碰撞。尤其是20世纪末期以来，随着互联网信息技术和通信技术的发展，有效打破了不同国家和地域之间的空间地理界线，将全世界以信息技术连接起来，迅速推进了经济全球化的发展。在全球化趋势的影响下，世界各个国家综合实力的竞争更加激烈，文化思想和价值观作为国家的一种软实力，日益受到各国的重视。在此过程中，西方国家凭借经济优势和科技基础，企图将西方资本主义国家的意识形态和价值观念渗透和传播至世界各个国家。在复杂多变的国际环境中，我国作为社会主义国家，正处于社会主义建设的初级阶段，在社会主义市场经济深化和改革发展中必须坚持马克思主义意识形态的主导地位，立足国内实际，顺应和把握历史时代潮流，不断培养和践行社会主义核心价值观，增强社会主义意识形态的吸引力、凝聚力，从而更好地维护社会主义意识形态安全。

在经济全球化、政治多极化等发展趋势下，社会主义意识形态面临着极其复杂的挑战，为此，社会主义国家意识形态中的原有价值理念和道德标准受到较大的冲击。在这种世界环境下，社会主义核心价值观的培养显得尤为必要。

从微观视角来看，培养和践行社会主义核心价值观能够帮助社会主义国家公民树立正确的价值理念和道德理念，从而有效规范公民的个体思想和行为。从宏观视角来看，培养和践行社会主义核心价值观能够有效抵制西方资本主义国家对我国意识形态的渗透压力和文化扩张压力，从而达到维护我国社会主义意识形态安全的目的。除此之外，培养和践行社会主义核心价值观还能够有效巩固马克思主义在社会主义意识形态领域的核心指导地位，起到统一思想、团结各族人民的目的，在有效保持社会主义意识形态性质和方向的同时，不断丰富社会主义意识形态的科学内涵，为社会主义意识形态的实践注入鲜明的时代特色和民族特色。

（二）社会主义核心价值观有利于推进社会主义核心价值体系建设

任何时代，任何社会均有独特的核心价值体系，社会核心价值体系随着时代的变迁而变化，集中体现了社会各主体的愿望、要求、理想、需要、利益等。社会主义核心价值体系是社会主义意识形态的本质体现。党的十九大报告中明确指出："社会主义核心价值观是当代中国精神的集中体现，凝结着全体人民共同的价值追求。要以培养担当民族复兴大任的时代新人为着眼点，强化教育引导、实践养成、制度保障，发挥社会主义核心价值观对国民教育、精神文明创建、精神文化产品创作生产传播的引领作用，把社会主义核心价值观融入社会发展各方面，转化为人们的情感认同和行为习惯。坚持全民行动、干部带头，从家庭做起，从娃娃抓起。深入挖掘中华优秀传统文化蕴含的思想观念、人文精神、道德规范，结合时代要求继承创新，让中华文化展现出永久魅力和时代风采。"[1]

社会主义核心价值体系以马克思主义指导思想作为灵魂，以中国特色社会主义共同理想为主题，以民族精神和时代精神为精髓，以社会主义荣辱观为基础。社会主义核心价值体系与社会主义核心价值观之间存在极其紧密的联系。一方面，社会主义核心价值体系与社会主义核心价值观之间存在内在一致性。社会主义核心价值体系内容丰富，既包括核心价值，又包括基本价值、具体价值。其中，社会主义核心价值体系的核心体系以基本价值和具体价值为基础，并且通过基本价值和具体价值表现出来。社会主义核心价值体系既包含着理想性的价值诉求，又体现出现实性的价值要求。由此可见，社会主义核心价值体系与社会主义核心价值观的内在一致性。另一方面，社会主义核心价值体系是社会主义核心价值观的基础和前提，也是社会主义核心价值观形成和发展的必要条件。社会主义核心价值观是社会主义核心价值体系的内核，体现了社会

---

[1] 习近平.决胜全面建成小康社会夺取新时代中国特色社会主义伟大胜利——在中国共产党第十九次全国代表大会上的报告[M].北京：人民出版社，2017：42.

主义的价值本质，也决定着社会主义核心价值体系的基本特征和基本方向。因此，从总体上来看，社会主义核心价值观与社会主义核心价值体系两者的方向保持一致，都较为鲜明地体现出了社会主义意识形态的本质，凝结着社会主义先进文化的精髓。此外，两者还都具有凝聚民族精神，弘扬民族共同理想和建设民族风尚的重要作用，能够指引中国人民坚持中国特色社会主义道路，弘扬中国精神，凝聚中国力量。

社会主义核心价值体系和社会主义核心价值观之间除了内容的一致性之外，两者之间还各有侧重，其主要表现在三个方面。其一，社会主义核心价值观与社会主义核心价值体系相比，更加突出了核心要素。社会主义核心价值体系包括马克思主义指导思想、中国特色社会主义共同理想、民族精神和时代精神、社会主义荣辱观四个方面，属于一个系统性的框架。而社会主义核心价值观则清晰地揭示了社会主义核心价值体系的内核。其二，社会主义核心价值观相对于社会主义核心价值体系来说，其表达更加凝练，更加具有通俗化和大众化，适合进行大众传播。其三，社会主义核心价值观与社会主义核心价值体系相比，还具有较强的指导实践的特点，便于社会公众遵循和实践。

综上所述，社会主义核心价值观与社会主义核心价值体系之间既存在较强的内在联系，又各有侧重，相互区别。在社会主义实践中，只有将社会主义核心价值观与社会主义核心价值体系有机统一起来，才能为更好地为中国特色社会主义理论的弘扬和实践奠定基础。

第二节　师范教育实习中社会主义核心价值观的培养

师范教育是以培养未来教师为要旨的教育，教师是未来社会主义人才的培养者，教师自身的道德水平直接关系着未来学生的道德教育。社会主义核心价值观的培养与师范院校师范生的师德教育之间存在十分密切的关系。本节主要师范教育实习中社会主义核心价值观培养对"立德树人"的意义、师范生社会主义核心价值观的内容与培育现状、师范生社会主义核心价值观培养原则与方式等方面进行详细阐释。

一、社会主义核心价值观培养对"立德树人"的意义

中华人民共和国成立以来，我国十分重视教育事业，大力发展师范教育。改革开放后，我国相继出台了一系列师范教育法律法规制度，对传统师范教育进行了大刀阔斧的改革。现阶段，我国已建立了完善的师范教育体系，并对师范教育中的师德教育十分重视。社会主义核心价值观是我国现阶段实现中华民族伟大复兴的中国梦的基础，也是指导每一位公民思想和行为的基本准则。对师范教育来说，在广大师范生中实行全面的、连贯的以及深入的社会主义核心价值观教育是培养师范生师德的基本途径之一，也是实现师范教育"立德树人"目标的根本途径。只有在师范教育中大力推广和普及社会主义核心价值观教育，才能使每位师范生牢记"富强、民主、文明、和谐、自由、平等、公正、法治、爱国、敬业、诚信、友善"的24字核心价值观方针，从而在未来的教育实践中贯彻落实社会主义核心价值观，并对青少年学生进行社会主义核心价值观培养奠定基础，最终借助社会主义核心价值观的培养实现"立德树人"的教育目标。

在师范教育实习中进行社会主义核心价值观教育对"立德树人"的重要意义主要体现在以下几个方面。

（一）师范生培养是教师队伍建设的重点

教育是以教师和学生为中心的组织形式，教师是教育过程中不可或缺的角色，在教育中起着重要的指导和引领作用。学校作为人才培养基地，其根本任务是育人，教师作为教育的主体之一，其首要任务即为育人，一个学校教师素质的高低，不仅直接关系到学校教学水平的高低，还直接关系到学校育人效果的好坏。当前，我国正处于社会主义现代化建设的新时期和关键时期，要把我国建设成为富强、民主、文明的社会主义现代化国家，学校教育在其中起着至关重要的作用。学校培养出来的学生除了要具备较强的专业知识和素质外，还应具备较强的道德素质，以适应社会发展的需要。而学校的综合素质人才的培养离不开教师的重要作用。古代文学家韩愈曾以"传道、授业、解惑"来形容教师在教育中的作用。在教育过程中，教师不仅是学生在知识方面的领路人，还是学生道德方面的指引者。教师在学生心目中占有特殊地位，学生大多对教师十分尊敬，甚至模仿教师的一言一行，而教师的精神境界、信仰、品德、情

操等都会对学生产生潜移默化的影响和深刻的感化作用，这种教师对学生心灵产生的教育力量是不可估量的。

为了充分发挥教师在教育中的积极作用，培养和建设高质量的教师队伍，自近代以来，我国建立了较为系统的教师培养体系，师范教育成为培养优秀教师的主要渠道。近年来，随着我国师范教育体系逐渐健全和完善，我国教师队伍越来越庞大，整体素质越来越高。21世纪以来，我国已建立了部属师范院校、省属师范学院、地市师范专科学校三级师范教育体系。2017年10月，我国正式发布了《普通高等学校师范类专业认证实施办法（暂行）》，该认证实施办法中将我国师范教育认证进行了分级，其中从横向分为学前教育、小学教育、中学教育、特殊教育、职业教育五类教育专业认证标准，形成了三级五类师范教育体系，为我国教师队伍的建设和培养奠定了重要基础。除了师范教育之外，我国还初步形成了职前、职后教师培养体系，为教师队伍建设奠定了重要基础。然而，师范教育是教师队伍建设的基础，只有在保障师范教育质量的基础上，才能对教师队伍进行有效扩充。

（二）师范生培养中的师德培养是实现"立德树人"的基础

教师作为教书和育人的主体，承担着重要的教书育人的职责，以及培养社会主义事业建设者和接班人、提高民族素质的重要使命。教师自古以来就被社会赋予"传道、授业、解惑"的职责，被誉为人类灵魂的工程师。如果一名师范生仅仅具备较高的专业知识和专业技能，那么这名师范生并不能够成为一名合格的教师。只有同时具备专业基础知识和技术能力，以及较高的职业道德素养，师范生才能成为一名合格的教师。教师的道德素养直接关系到"立德树人"的质量。

"立德树人"中的"德"一方面指教师应注重个人品德，另一方面指教师作为一种职业，也应具备较强的职业道德。唯其如此，教师才能具备高尚的道德情操、不求回报的奉献精神，才能在教育过程中形成以学生优先，教师个体的物质回报、职称晋升和发展前途在后的思想，才能在教学中投入百分之百的精力和热情，为学生营造良好的学习环境，从而更好地培养学生成才。因此，在师范生培养中必须对师范生进行师德师风教育。

教师的师德并非一朝一夕形成的，而是具有较强的历史继承性和鲜明的时代特征。我国是一个教育大国，自古以来就十分注重教育的重要作用，教师作为教育实施的主体，更被寄予多种期望。在过去，要求教师要热爱祖国，献身教育；热爱学校，关心集体；以身作则，为人师表；因材施教，循循善诱；热爱学生，甘为人梯；学而不厌，诲人不倦；严谨治学，忠于职守；乐于奉献，勤以敬业等品德。当前，我国正处于社会主义建设的关键时期，在全面建设小康社会、构建社会主义和谐社会的今天，师范院校教师的师德在继承古代教师师德的基础上，还应反映出时代的需要和时代精神。2014年9月，习近平在同北京师范大学师生代表座谈时，提出了"做党和人民满意的好老师"的四条标准，即"要有理想信念、要有道德情操、要有扎实学识、要有仁爱之心"。①这四条标准是社会主义新时期师德规范的凝练。其中的仁爱之心与古代教师师德中的热爱学校、热爱学生、甘为人梯等精神相契合。师德具有较强的时代性、传承性和教育性等，可以通过教育等手段达成。

师范教育作为我国教师人才队伍建设的主要途径，不仅能够培养学生的专业知识和专业技术能力，还能够重点培养学生的个人品德和职业道德，使师范生具备较高的责任心，并且将师德与知识、行为、人格融为一体，从而影响师范生道德信念和行为，对"立德树人"教育目标的达成起着十分重要的作用。

（三）社会主义核心价值观是师范生师德培养的基础

师德是教师教育工作开展的基础，也是决定教师教育生涯中"立德树人"目标达成的基础。师范教育作为培养教师的主要途径，如何在师范教育实习中培养师范生的道德素养，使师范生形成高尚的师德，是每一所师范院校均应着重探索的课题。社会主义核心价值观中涵盖了师范教育中的师德、师风建设的各个方面的具体要求和具体内容。社会主义核心价值观作为指导现阶段我国公民思想和行为的基础，以及我国公民的基础价值观，在培养师范生师德方面起着十分重要的作用。

1. 社会主义核心价值观是师范教育师德建设的价值支撑

社会主义核心价值观中的富强、民主、文明、和谐是社会核心价值观在国家层面的价值目标，也是引领和凝聚各族人民建设中国特色社会主义伟大目标的精神旗帜，在各行各业建设中均起着十分重要的价值引领作用，在师范教育

---

① 习近平同北京师范大学师生代表座谈时的讲话（全文）[EB/OL].(2014-9-10)[2021-09-01] http://politics.people.com.cn/n/2014/0910/c70731-25629093.html.

领域也不例外，是加强和完善师范教育中的师德教育的基础。其中，富强是师范教育中师德建设的基础和客观要求，为师范生的师德建设构建了良好的外界环境；民主是师范生师德建设的基本的实现方式，只有在教学中充分体现民主精神，从师范生的基本需求出发，才能构建充满活力的课堂，才能形成良好的学风和班风，为师德、师风的培养创设良好的氛围；文明在师范教育中则是指构建文明校园，从而营造文明和谐的校园环境，为师范生师德、师风建设营造良好的校园环境；和谐则是指构建和谐的师生关系以及和谐的社会环境，为师范生的师德、师风建设和培养创设理想的氛围。

社会主义核心价值中的自由、平等、公正、法治是社会主义核心价值观在社会层面的价值取向，集中体现了中国特色社会主义的基本属性，也是师范教育中师德、师风教育培养的社会基础。而社会主义核心价值观中的爱国、敬业、诚信、友善作为社会主义国家公民个人层面倡导的价值准，则为师范教育中师德师风的培养指明了方向。此外，这四个方面还与教师职业道德中的爱岗敬业、关爱学生的精神相契合，是社会主义核心价值观在教师教育方面的体现。

2. 师范教育中的师德建设是培育和践行社会主义核心价值观的主要载体

师范教育中的师德建设在社会主义核心价值观的培育和践行方面起着十分重要的作用，主要体现在三个方面。

（1）教师是培养和践行社会主义核心价值观的精神典范。教师行业是一个极为特殊的行业，教师的劳动对象是学生，劳动目标是育人，而在一定程度上教师的劳动对象和劳动目标与社会主义核心价值观存在一定的一致性，从这一视角来看，教师是培养和践行社会主义核心价值观的精神典范。

教师的劳动目的在于培养人才，师范院校的师范生毕业后，大部分会成为一名合格的人民教师，走上讲台后，其教育对象为学生，在教育中承担着教书育人的责任。所谓教书，是指教师在教学过程中有计划、有目的、有组织地教授学生知识，开发学生的智能；而育人则是指教师在教学过程中不仅要培养学生掌握知识的能力，还要培养学生正确看待社会、生活、人生，以及树立正确的人生观、价值观和世界观，形成良好的道德。社会主义核心价值观的培养和践行以社会国民教育的健康发展为基础，只有将社会主义核心价值观融入国民教育，才能培养社会主义现代化建设所需要的人才，才能使社会主义核心价值观深入人心。而具体到个人价值观层面，社会主义核心价值观中的爱国、敬业、诚信、友善与教学目标相一致，因此从这一视角来看，教师的劳动目的与社会主义核心价值观的目的存在一致性。此外，教师的劳动对象与社会主义核心价值观的培育对象也重合。教师的劳动对象一般为学生，即正在接受教育、不断成长的幼儿或青少年群体，而社会主义核心价值观的培育对象则是全体国民，其中包含各个年龄阶段的学生群体，因此两者的培育对象存在重合。综上所述，教师在培养社会主义核心价值观中起着至关重要的作用。

（2）学校是培养和践行社会主义核心价值观的主要场所。社会主义核心价值观是整个中国公民均应具备和遵守的价值观，其中，学校是培育和践行社会主义核心价值观的主要场所，这一点可以从学校的教育理念和培养目标两方面体现出来。一方面，学校是按照一定的教育理念对特定的教育对象实施教育的场所，学校教育中除了知识教授外，还将社会价值导向、行为准则以及道德标准纳入学校课程体系，从而培养学生的价值观和人生观。当前，我国正处于社会主义初级阶段，整个国家和人民正走在实现中华民族伟大复兴的中国梦道路上，为了实现这一理想，必须统一人民的价值观。因此，在学校教育中应大力弘扬社会主义核心价值观，以社会主义核心价值观为导向确定学校的教育理念，将社会主义核心价值观纳入学校教育理念之中，从而实现学校教育与社会主义核心价值观教育的有机结合。另一方面，学校的教育目标除强调知识的获取之外，还需从学生的未来发展出发，培养社会主义事业接班人。为了实现这一教育培养目标，则需以社会主义核心价值观为基础和准则确立学校的教育目标，从而更好地培育青少年学生群体的社会主义核心价值观。

（3）师范教育中的师德建设对培养和践行社会主义核心价值观的意义。我国是一个教育大国，自古以来就形成了尊师重教的传统，并以"一日为师，终身为父"来形容教师社会地位的尊崇。古人之所以对教师十分尊重，是因为我国古代教师十分重视师德的培养和建设，将师德视为教育的灵魂，对学生的成长起着春风化雨般的影响。师范教育实习中的师德建设在社会主义核心价值观的培育和践行中起着十分重要的作用。

一方面，加强师德建设有利于构建社会主义和谐社会。师德建设中包含着爱国、敬业、关爱学生等品质，这些品质与社会主义核心价值观中的个人价值目标层面的内容相符。因此，加强师德建设能够促进社会主义核心价值观的培育。从社会道德建设的宏观角度来看，师德建设属于教师的职业道德建设，是构建社会主义和谐社会的基础。社会主义和谐社会建设是一个十分复杂的系统工程，需要解决方方面面的问题，其中，道德建设是社会主义和谐社会建设的核心。社会道德建设的途径多种多样，其中，学校道德建设是整个社会道德建设的主要途径。学校道德建设的主体是教师和学生，教师作为施教者，只有其自身具备较高师德，才能在教育中切实培养和提升学生的道德水平，从而推动社会主义建设。

另一方面，加强师德建设有助于实现中华民族伟大复兴的中国梦。中华民族伟大复兴的中国梦的目的是促进国家富强、民族振兴、人民幸福，这一目标与社会主义核心价值观在国家层面的目标相一致。而中国梦则是全体中国人民的理想，其中也包括广大教师。实现中华民族伟大复兴的中国梦不能仅仅依靠某一个人或某一个团体，而必须依靠各行各业的全国人民。尤其是青少年一代，他们肩负着未来建设社会主义国家，实现中华民族伟大复兴的中国梦的重任，是实现中华民族伟大复兴的中国梦的希望。为了更好地培育青少年学生，教师不仅应具备良好的专业知识，还需要树立正确的思维方式和科学的价值取向，此外，还需具备良好的师德。唯其如此，学校教育才能为实现中华民族的伟大复兴的中国梦奠定基础。

二、师范生社会主义核心价值观的培养现状

在师范教育实习中，师范生的社会主义核心价值观的培养对师德的形成与建设起着十分重要的作用，同样师德建设也对社会主义核心价值观的培育有着重要意义。在现阶段的师范教育实习中，虽然师范生的社会主义核心价值观的培养取得了一定成就，但是也面临着一系列挑战。我国近代以来十分重视师范生的德育教育。进入21世纪以来，随着我国社会的发展，我国师范教育所面临的环境发生了较大改变。

（一）师范教育教学环境发生较大变化

现阶段，我国正处于社会主义改革的关键时期，教师职业原有的铁饭碗被打破，被绩效考核和评聘结合的制度所取代，这使得许多教师，尤其是刚刚从师范院校毕业走上工作岗位的教师面临着较大的发展压力。例如，一些教师走上教学工作岗位后，面对巨大的考核压力，在教学中存在着只教书，不育人的

现象，上课时只专注知识的讲解，课后则很少与学生进行交流，缺乏对学生的关心与关爱，师生关系淡漠。教师较少对学生的价值观培养进行关注，更不用说对学生进行社会主义核心价值观的培养。由于学校教师考核机制的设立，少数教师在教学中将同一学校同一科目的教师视为竞争对手，出于自身利益对其他同事进行打压，更不用说与其他教师进行合作，导致同一学校教师之间的同事关系不和谐，不利于和谐的校园文化氛围的构建。除此之外，师范院校的一些学生毕业后走上教师岗位后，面对各种利益诱惑，为了追逐个人利益，出现少数不用心教学，而执着于课外兼职的情况，不注重学生的社会主义核心价值观教育。甚至个别教师为了达到评定职称的目的，不惜以身犯法，产生道德失范行为。

（二）师范教育扩招与社会主义核心价值观培育不足

师范教育不仅包括专业知识教育，还包括师德教育，判断一名教师合格与否，最重要的参照标准就是看教师的师德是否高尚，而教师师德的培养手段主要为社会主义核心价值观的培育。因此，在师范教育实习中，需要对师范生进行及时而深入的社会主义核心价值观培育，以便师范生走上教育岗位后将"立德树人"作为自己的工作指南。进入21世纪以来，我国师范院校进行大量扩招，尤其是师范教育领域，实行部属免费师范生教育，同时一大批地方师范院校和职业技术师范院校兴起，而一些综合性大学中也设立了师范专业，大力拓展了师范生培养范围。大规模的师范院校扩招使得师范教育资源呈现出一定范围内的短缺现象。而由于师范生规模扩大，以及师范生毕业后的竞争越来越激烈，对师范生的日常学习内容产生了较大影响，在一定程度上影响了社会主义核心价值观的培育。社会主义核心价值观作为一种思想领域的价值观教育，更侧重对师范生进行思想教育，而思想教育需要较长的时间进行检验，难以在较短时间内产生结果。社会主义核心价值观的培育不足反映在师德方面，则呈现出师德意识不强的特点，不利于学校教师"立德树人"工作的开展。

（三）教育资源的不平衡导致社会主义核心价值观的不均衡

改革开放以来，由于我国经济发展的不平衡，我国城乡之间的二元经济差距越来越大。城乡经济发展的不平衡从本质上来看，城市经济与农村经济相比，发展更快，经济更加繁荣。城乡经济发展不平衡在城乡师资教育方面体现得较为突出。

以城乡幼儿教师数量和质量为例，进入 21 世纪以来，农村幼儿师资比率与城市幼儿师资比率相比，存在较大的差距。从教师数量上来看，城市幼儿师资数量明显高于农村幼儿师资数量，农村幼儿教师数量亟须增加。从城乡幼儿师资学历水平和教师质量来看，城市幼儿师资的学历水平普遍高于农村幼儿师资的学历水平，并且城市幼儿师资质量也优于农村师资质量，农村与城市幼儿师资数量和质量存在严重的不均衡现象。现阶段，我国建立了较为完善的幼儿师范教育资格体系，要求所有幼儿教师均具备幼儿教师资格。然而，不同师范院校对师范生社会主义核心价值观教育存在较大差异。一些部属级师范院校较为重视师范生综合素质的发展，除了加强师范生的专业知识和专业技能教育外，还十分重视师范生的社会主义核心价值观教育，能够为学生提供较为完善和系统的社会主义核心价值观教育。然而，在普通师范院校中，一些院校在本科师范生教育中忽视了社会主义核心价值观教育，导致一些普通师范院校的师范生缺乏系统的社会主义核心价值观教育。这些师范生毕业走上工作岗位后，易出现整体素质不高、教育手段单一、教学管理不规范等种种弊病和师德师风问题，不利于"立德树人"教育目标的实现。

（四）师范教育实习中社会主义核心价值观的培养方式较为单一

现阶段，我国师范教育实习中的社会主义核心价值观的培养方式主要为思想政治教育课程和辅导员谈话等形式。这些教育方式较为单一和陈旧，主要教育方法为以教师为主体的灌输式教育方式，这种教育方式对学生在课堂的表现要求较少，仅要求学生在课堂中学习牢记教师所传授的知识，整个过程无须思考，也无须发问，仅仅等待知识被装进大脑即可。在这种教学理念下，学生处于被动式学习的状态，易造成学生对知识的不理解，师生之间缺乏有效的沟通与交流，学生易对所学知识丧失兴趣，导致学习效果差。这种教学方式相对单一，而社会主义核心价值观大多为理论性内容，教学内容枯燥乏味，难以有效提升学生的学习兴趣，引发学生的重视。这种单一的社会主义核心价值观不适用于我国师范教育人才的培养需要。

一方面，社会主义核心价值观作为一种思想领域的教育，只有内化为学生的价值观和道德素养，才能外化为教学实践行动。一般来说，价值观教育或道德教育包括认知、情感、意志、信念、行为等五个方面，并通过道德内化和外化行为形成道德心理机制，转化为道德行为。而由于现阶段师范教育中的单一教育和教学模式，学生在学习过程中，被动地接受教师讲授的相关知识，在接受社会主义核心价值观教育时存在着不接收、不理解、不行动等知而不信，知而不行以及言行不一的现象，导致社会主义核心价值观教育效果不甚理想。

另一方面，在互联网时代，师范生面临的学习环境发生了较大变化。在互联网信息教育背景下，师范生接受知识的方式发生了较大变化，不再单纯依赖于教师的知识和价值观传授，他们还通过网络平台等途径接受知识和价值观。而在校师范生由于社会价值观和人生观还未完全成熟，极易受到外界不良思想和不道德价值观的影响，从而影响师范院校中的思想政治教育、道德教育和社会主义核心价值观教育效果。

综上所述，从"立德树人"的视角来看，师范院校师范教育中社会主义核心价值观教育方式的单一，不仅不利于我国师范院校师范生社会主义核心价值观的培育，还不利于"立德树人"教育目标的实现。

三、师范生社会主义核心价值观培养原则与方式

师范教育是以培养未来教师为目的，是一种极为特殊的教育。在师范教育中，社会主义核心价值观的培养不仅关系到师范生自身师德建设，还关系到未来走上教师岗位后，对不同年龄阶段学生的社会主义核心价值观培育。

（一）师范生社会主义核心价值观培养原则

在师范教育中，社会主义核心价值观培养应坚持继承与创新原则、内化与外化原则、自律与他律原则。

1. 继承与创新原则

继承与创新原则是指在师范生的社会主义核心价值观培养中，应不断从我国传统师德教育中汲取精华，同时结合我国现阶段发展实践和时代特色进行创新，坚持与时俱进，不断创新社会主义核心价值观教学理念和教学方法，开辟社会主义核心价值观教学新路径。具体而言，培育师范生的社会主义核心价值观时应在结合原有传统的教学方法的基础上，不断进行创新，充分利用互联网技术和手段，从学生的兴趣和爱好出发，借助互动化教学方式、小组合作学习等形式，让学生充分发挥主动学习精神，不断提升学生的学习效果。

2. 内化与外化原则

社会主义核心价值观建设作为一种价值观建设，属于思想范畴，在培育

师范生的社会主义核心价值观时，不能仅仅满足于师范生知道或获取了这些知识，而是需要将社会主义核心价值观转变为师范生内在的思想和品质，并且将这种内在思想和品质通过师范生的日常言行体现出来。即内化于心，外化于行。内化与外化二者是紧密相连的，内化是外化的根基，外化又不断地检验和矫正内化的结果。师范生只有发自内心地理解并接受核心价值观，并自觉将其转化为指导其行为的价值衡量标准，才能真正地、自觉地按照社会主义核心价值观的指导而行动，才能充分发挥社会主义核心价值观的指引作用。否则，师范生的社会主义核心价值观仅仅是一种知识，对师范生不具备思想和行为的约束力。其中，在师范生的社会主义核心价值观培育中，价值观的内化包括增强对社会主义核心价值观的认识、培养爱岗敬业的情感、坚定中国特色社会主义理想信念；价值观的外化则是指师范生走上工作岗位，成为一名正式的人民教师后，应在社会主义核心价值观的指导下，在工作中带头践行社会主义核心价值观，并在教学中培养不同年龄阶段学生的社会主义核心价值观，贯彻爱国、敬业、诚信、友善的基本要求，做到知行合一，塑造学高为师、身正为范的教师形象。

3. 自律与他律原则

教师是一种极为特殊的职业，教师的思想价值观不仅会对教师本人的思想和行为产生约束作用，同时还会在教学过程中潜移默化地影响着学生。因此，在师范生的社会主义核心价值观培育中，必须坚持自律与他律相结合的原则。一方面，社会主义核心价值观对师范生的师德起着重要的影响作用，而师德的培养不仅应符合时代的需要，还应符合人的心理形成变化规律，因此在师范生的社会主义核心价值观培养中应坚持他律原则。另一方面，教师职业的特点要求教师在日常教学活动和管理过程中根据个人教学特点与管理经验自主选择教学方式和方法，教师教学质量的好坏由教师进行自我衡量，因此师范生的社会主义核心价值观教育还应坚持自律原则。只有将自律与他律相结合，师范生的社会主义核心价值观培育才能取得理想效果。

（二）师范生社会主义核心价值观培养方式

师范生社会主义核心价值观的培养方式主要包括构建良好的社会环境、校园环境，加强师范生的通识知识教育，加强师范生的综合素质教育，充分利用互联网信息手段加强师范生的社会主义核心价值观培养，在教育实习环节加强师范生的社会主义核心价值观培育。

1. 构建良好的外界环境

在师范生的社会主义核心价值观培育中，应构建富强民主、尊师重教的社会环境和文明和谐、治学严谨的校园环境。人类生活在环境中，同样受到环境的约束。社会主义核心价值观中国家层面的价值目标中包含富强、民主、文明、和谐，只有创建良好的社会环境，才能在社会上营造尊重知识、尊崇教师和崇尚道德的良好氛围。在社会上营造良好的尊师重教的舆论环境，有利于增强社会教师以及师范生的"立德树人"的责任感和使命感，有利于将教师师德与社会主义核心价值观相结合，提升教师的社会主义核心价值观学习。在社会上，还可以运用微博、微信等网络传播手段进行教育宣传，开展先进教师表彰大会等，营造良好尊师重教的氛围。通过社会环境的影响，不断增强教师群体和师范生群体的自我价值认同，有利于引导师范生践行社会主义核心价值观。

师范生所在的师范院校的环境对师范生的价值观、行为规范和道德风貌影响较大。因此，构建文明和谐、严谨治学的校园文化环境对师范生所产生的正面影响较大。在师范生校园文化环境中纳入社会主义核心价值观，可以通过校园标语、校园广播和校园报刊亭、官方网上、微博、微信等软文化环境营造良好的社会主义核心价值观培养环境。在校园中，还可以借助丰富多彩的校园文化活动，通过开展社会主义核心价值观主题的学术沙龙、经验交流会等，加强师范生的社会主义核心价值观培育，最终实现"立德树人"的教育目标。

2. 加强师范生的通识知识教育

师范生通识知识教育是指以思想政治理论、教师职业道德知识等为主的教育体系。师范院校作为专门培养未来教师的院校，不仅应注重学生的知识教育和专业技能教育，还应关注学生的思想政治教育。现阶段，我国的思想政治教育课程大多由马克思主义基本理论教育体系构成，其中包括以邓小平理论、"三个代表"重要思想、科学发展观、习近平新时代中国特色社会主义思想为主要内容的经济和政治基础知识教育；初步的辩证唯物主义和历史唯物主义基础知识教育；以及职业理想教育。此外，我国思想政治教育还包括爱国主义教育、集体主义教育、法制教育和心理健康教育。这些通识知识教育中的部分内容与社会主义核心价值观相一致。因此，在师范院校的通识知识教育中，应旗帜鲜明地倡导社会主义核心价值观，以培育学生的核心价值观体系。

除了课堂教学之外，师范院校的通识知识教育还可借助多样化的思想政治活动，例如，借助校园党组织和团组织围绕社会主义核心价值观定期组织相应的主题活动，包括爱国活动、爱国主义教育活动等。通过一系列活动，帮助师范生践行社会主义核心价值观。

3. 借助师范生教育实习环节

教师教育是一项极为特殊的教育，不仅需要进行大量的学校课堂教育，还需要进行实践训练。而教育实习环节是培育师范生社会主义核心价值观的关键环节，这一点主要在下节中进行详细阐释，这里不再赘述。

第三节　师范教育实习中社会主义核心价值观的培养路径

师范教育实习是一种特殊的教育方式，是师范专业学生在走上教师岗位之前的一次正规的学习和练习机会，也是一次在真实的教学环境中的热身与演练，是一次对所学知识的综合检验。师范生在教育实习中不仅要对所学知识进行检验，还要继续学习专业教学知识与专业教学技能，并且学习正确的价值观和教师职业道德。本节主要对师范教育实习中社会主义核心价值观的培养路径进行详细阐释。

一、营造良好的教育环境

师范教育实习的类型较多，近年来，随着我国师范教育对教育实习工作的重视，师范教育实习工作越来越朝着多元化的方向发展。一般来说，为了提高师范教育质量，师范教育实习工作常常在真实的教育环境中进行。师范院校的学生需要融入真实的教育环境中，在真实的教学与教研中检验知识和技能。在师范教育实习中，培养师范生的社会主义核心价值观可以营造良好的校内外教育环境。

（一）营造良好的校园文化环境

师范院校的实习生在实习过程中需要融入真实的教育环境，因此许多师范院校常采用顶岗实习或支教实习的方式，让实习生切实进入真实的大中小学或幼儿园中进行教学。为了强化师范实习生的社会主义核心价值观培养，在师范实习生所在的大中小学或幼儿园中应营造良好的校园文化环境。

学校是一个重要的文化传播场所，校园环境则是在学校办学理念和办学目标以及办学方针的指引下形成的特有的文化现象。校园文化环境中所营造的独特的校园文化是中国特色社会主义先进文化的重要组成部分，具有较强的文化感染力，承载着较强的育人载体功能。

而环境熏陶是指在校园、教学中充分以文化为载体营造校园人文气息浓郁的育人环境，并把对学生的价值观或道德要求、价值观念和理想取向等融入或渗透进校园的各个角落，以便学生能在德育氛围浓郁的校园中受到足够的感染、熏陶、暗示或激励等，培养学生逐渐将其中蕴含的价值观、德育思想内化为自己的价值尺度、心理品质和行为准则。具体来说，建设优良的文化环境可以通过"学校形象设计""校园值周班制""学生社团"，以及校园广播、校园标语、校园规则、班级纪律等，共同营造良好的校园价值观或德育环境。在校园中，营造良好的社会主义核心价值观环境可以借助校园标语，将社会主义核心价值观中的12个词语制作成为标语，使之成为校园环境的一部分，从而对校园师生产生潜移默化的作用。此外，还可以将社会主义核心价值观纳入校园广播、校园标语、校园规则、班级纪律等，从而对师生产生潜移默化的影响，进而促进师范实习生在内的学校师生身心健康成长，培养学校师生的社会主义核心价值观。还可以充分利用校园社团，开展各种形式的社会主义核心价值观主题活动，从而不断培养师生的社会主义核心价值观。

（二）营造良好的网络文化环境

近年来，随着互联网信息技术的发展，互联网信息技术已应用在各行各业，尤其是教育领域。互联网信息技术已融入教育教学的多个环节，为教育教学提供了诸多便利。现阶段，我国大中小学大多已初步构建起了完善的网络教学平台，如校园网站平台、校园多媒体平台等。在开展社会主义核心价值观培育中，大中小学可充分借助校园网络平台，营造良好的网络文化环境。校园网络环境作为社会网络大环境中的特殊一员，有赖于系统、科学的网络舆论文化氛围的形成，社会网络环境中健康、积极的网络环境能够为校园文化环境带来较大助力。一般来说，不同学校的校园文化有着较大区别，只有不断将学校的校园文化进行凝练和提升，使之融入学校网站、贴吧等所有网络文化中，才能

第四章　师范教育实习中的社会主义核心价值观教育

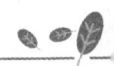

构建具有特色的校园网络文化环境。

以校园网络平台为例，学校可在校园官方网站上开辟专门的社会主义核心价值观学习版块，借助校园网络平台传播的便捷性，及时上传社会主义核心价值观最新理论、阐释，以及社会各界人士对社会主义核心价值观的学习心得，并且结合校园中开展的社会主义核心价值观学习活动，及时更新网站相应版块的内容，营造良好的社会主义核心价值观学习环境。

除了校园网络平台之外，还可以构建成熟的校园贴吧社区。在校园贴吧中开辟相应的社会主义核心价值观的专区，从而便于校园师生互相交流对社会主义核心价值观的理解，为校园师生加强对社会主义核心价值观的学习提供便利。

除了直接利用校园网络平台构建良好的校园文化环境之外，还可以充分利用校园网络平台和校园多媒体平台传播的即时性和快捷性特点，及时将校园中举行的社会主义核心价值观主题活动上传至网络或新媒体，并且进行分享，让校园师生对相关信息进行转发和评论，在此过程中对校园师生进行社会主义核心价值观培养。例如，校园社团组织学习十九大精神和践行社会主义核心价值观主题活动，在活动进行中或活动结束后，可将活动相关照片上传至校园官方网站、校园官方贴吧、校园官方微博及校园官方微信平台，从而扩大活动的影响力，在校园中营造良好的社会主义核心价值观网络学习环境，提升包括师范实习生在内的校园师生的社会主义核心价值观培育力度。

（三）营造良好的社会实践活动环境

社会实践活动在这里是指将社会主义核心价值观与社会实践相结合的活动。社会主义核心价值观作为一种价值观念，其本质上是一种思想。而对于社会个体来说，任何一种思想的影响都存在形成和确立的过程，这一过程往往与社会实践活动息息相关。因此，从这一角度来看，社会实践具有较强的育人功能。

本书所指的社会实践活动不仅指校园活动，还指一切以实现社会主义核心价值观培养为目的学习模式，是一种自由自主活动。这种活动以学生作为主体，充分尊重学生的主体性地位，并以学生的兴趣和需要为原则，在注重培养学生兴趣的同时，注重对学生个性化需求的研究、满足与引导。此外，社会主义核心价值观主题实践活动应该以能够促进校园师生的社会主义核心价值观发展为目的，活动设计和组织应符合个体发展规律。

例如，学校组织学生在重大节假日或重要纪念日参观烈士陵园，进行烈士纪念活动或社会主义核心价值观主题活动等。一方面，开展社会实践活动能够让学生走出校园，走进真实的社会，在真实的社会环境中了解国情、增长才干，深刻理解马克思主义理论，并从社会实践中真实地感受到我国社会的巨大变革，深刻理解中国社会主义建设道德的选择，坚定中国特色社会主义道德的信念，培养学生从我国国情出发，理论联系实际的思考方法，有利于学生的健康成长；另一方面，社会实践还能够推动我国物质文明和精神文明建设，培养和造就社会主义事业接班人。因此，开展社会实践活动，营造良好的社会实践活动环境能够帮助包括师范实习生在内的校园师生进一步了解社会，认识自我，锻炼品格，养成良好的情感认知能力、价值判断能力以及行为能力，从而有利于校园师生树立正确的价值观，为中华民族伟大复兴的中国梦的实现贡献力量。

二、明确师范教育实习目标

尽管师范教育实习的类型多种多样，然而无论哪一种类型的师范教育实习，都需明确实习目标。师范教育实习目标决定了教育实习的内容、构成、考核等方面，只有制定了合理的教育实习目标，并且明晰了教育实习目标，才能确保教育实习结果朝着教育实习目标的方向前进。因此，在师范教育实习中，培养师范生的社会主义核心价值观，必须将社会主义核心价值观的学习纳入师范教育实习目标。此外，为了便于在教育实习中落实社会主义核心价值观的培养，还需要将教育目标进行细化，将社会主义核心价值观的培养纳入教育实习的每一个环节和步骤中，唯其如此，才能确保社会主义核心价值观培养目标的达成。制定明确的师范教育实习目标是师范生教育实习的第一步。2019年教育部颁布了《教育部关于加强和规范普通本科高校实习管理工作的意见》，其中指出："高校要根据《普通高等学校本科专业类教学质量国家标准》和相关政策对实践教学的基本要求，结合专业特点和人才培养目标，系统设计实习教学体系，制定实习大纲，健全实习质量标准，科学安排实习内容。"[①]结合2016年教

---

① 教育部关于加强和规范普通本科高校实习管理工作的意见[EB/OL].(2019-7-30)[2021-09-01]http://www.gov.cn/xinwen/2019-07/30/content_5417339.htm

育部颁布的《教育部关于加强师范生教育实践的意见》，其中指出的："举办教师教育的院校要围绕培养适应中小学教育教学需要、高素质专业化的'四有'好教师的目标要求，通过系统设计和有效指导下的教育实践，促进师范生深入体验教育教学工作，逐步形成良好的师德素养和职业认同，更好地理解教育教学专业知识，掌握必要的教育教学设计与实施、班级管理与学生指导等能力，为从事中小学教育教学工作和持续的专业发展奠定扎实的基础。"[1]由此可见，在师范教育实习中，社会主义核心价值观目标的确立需要纳入教育实习目标的每一个环节。

（一）在教学活动中纳入社会主义核心价值观培养目标

教育实习活动的主要目标是在真实的教学环境中锻炼学生的专业知识和能力，学生需要严格认真地按照每一个教学步骤进行练习，包括备课、撰写教案、进行试讲、课堂正式教学、课后评价等环节。而社会主义核心价值观则可纳入实习过程中的每一个环节。以备课环节为例，教学活动的举行离不开备课，而备课不仅要备教材，还要备学生。青少年作为祖国的未来，其学习过程中充满正能量和积极向上的情感，其中包含爱国情感、文化情感、道德情感等等。师范实习生在备课过程中需要对教材进行充分了解，而教材中所蕴含着各种积极情感即可对师范实习生产生正面积极的影响。将这些情感与社会主义核心价值观结合起来有利于促进师范生对实习情感的理解。

在试讲环节，师范生需要在小范围内进行试讲。试讲的其他参与者大多为学校同一专业的经验丰富的实习指导教师，这些教师对教材和学生的了解程度一般较深，能够把握复杂的课堂环境，也能够发现实习师范生教学方案中的种种不足之处，及时指出实习生的错漏或不足之处，并提出改正方法，从而为实习生在真实课堂环境中的讲课提供必要保障。在这一环节中，将社会主义核心价值观培养纳入其中，可以借助实习指导教师的指导进一步加强师范生对社会主义核心价值观的理解。

教学环节的主体由教师和学生双方共同组成的，教学过程并非简单的教师向学生传授知识的过程，而是一个教学相长的过程。教师在向学生传授知识

---

[1] 教育部关于加强师范生教育实践的意见[EB/OL].(2016-3-21)[2021-09-01]http://www.moe.gov.cn/srcsite/A10/s7011/201604/t20160407_237042.html.

的过程中，自身也受到某种启发，从而不断获得知识或能力方面的收获。在教学环节，教师要想激发学生对课文中作者的情感产生共鸣时，教师自身需对课文中作者的情感产生共鸣。而教师从课文中所获得的正向积极情感，例如，爱国、敬业、自强等情感与社会主义核心价值观中的某些因素相契合，因此能够加强教师核心价值观的培养。

在课程结束后的评课环节，一般由学校资深指导教师参与，在评课环节资深指导教师不仅会指出实习教师在讲课中的讲课技巧方面的不足，还会对课文中的情感等进行深入分析，在此环节中纳入社会主义核心价值观教育，可以为师范生提供具体的社会主义核心价值观学习场景，有利于师范实习生增强对社会主义核心价值观的理解。

（二）将社会主义核心价值观纳入师范实习生的发展框架

在实习过程中，师范实习生应完成一系列实习目标，从而获取大量专业知识，促进专业技能的发展，从而达到提升专业水平的目的，使其最终能够从一名新手教师成长为一名综合素质较高的专家型教师。因此，在教育实习过程中，师范实习生需要进行专业知识的学习、综合能力的学习以及情感系统的学习。师范生教育实习的目标应从知识目标、能力目标和情感目标三个方面进行确定。唯其如此，才能确保教育实习取得较好的效果。社会主义核心价值观的培养可以纳入师范实习生的发展框架，从知识、能力和情感三个目标入手。其中，师范实习生知识领域的学习一般以教育知识和课本知识为主。如果将社会主义核心价值观纳入大中小学教材之中，那么即可确保师范实习生在学习课本知识的过程中，能够学习社会主义核心价值观知识。师范实习生能力领域的学习包括专业教学能力、沟通能力、理解他人的能力、情感表达的能力、环境感受能力、创新教育方法的能力等。在这一过程中，通过在校园中创设良好的社会主义核心价值观学习环境，可以对师范实习生产生潜移默化的影响，从而培养师范实习生的社会主义核心价值观。

师范实习生情感领域的学习所包含的范围更广，包括爱国、爱岗等正向积极情感的学习。这些情感中的一些内容与社会主义核心价值观中的部分内容相一致，有助于师范实习生加强对社会主义核心价值观的学习与理解。

三、借助师范生的实习班主任身份

师范生作为未来教师,在教育实习中应培养全方位的能力,其中既包括专业教学知识和能力,又包括专业教育组织能力。在师范生的教育实习中,尤其是在顶岗实习和支教实习中,实习生一般会被要求担任某个班级的临时班主任,承担班主任的相应职责,以便锻炼师范生的教育组织能力。师范实习生作为实习班主任,应做到以身作则,为学生树立良好的榜样和示范作用;尊重学生,正视学生在教学活动中的主体地位,公平公正地对待每一位学生;借助主题班会等活动,构建良好的班风和学风;开展丰富多彩的教育活动。借助师范生的实习班主任身份,将社会主义核心价值观纳入实习班主任教育职业的各个环节中,可以培养实习生的社会主义核心价值观,同时有利于实现"立德树人"的教育目标。

(一)以身作则,为学生树立良好的榜样和示范作用

教师是教学的主体之一,而班主任在校园中具有教师和干部双重身份,不仅对学生的学习负责,还是学生的思想教育和管理工作的组织者、指导者和实施者。班主任作为在学校中与学生接触最多、最了解学生的群体,其在学生成长过程中起着极其重要的作用,其一言一行都对学生起着潜移默化的榜样和示范作用。社会主义核心价值观是现阶段指导我国公民思想和行为的主要价值观体系,需要每一个我国公民学习和掌握。而学校则是社会主义核心价值观的主要教育基地。

社会主义核心价值观在我国各级各类学校中极受重视,各个学校都承担着培育学生社会主义核心价值观的责任。在校园中,开展社会主义核心价值观离不开班主任的协助,班主任在开展社会主义核心价值观教育中具有得天独厚的优势。师范实习生在教育实习期间担任班主任职务时,为了培育学生的社会主义核心价值观,其必须首先带头认真学习和践行社会主义核心价值观的基本内涵和社会主义核心价值体系,以及社会主义核心价值精神,并且努力提高其自身的科学文化水平和理论素养,只有这样,才能在日常教学活动中引领学生学习和践行社会主义核心价值观。此外,大中小学生多为青少年群体,这一群体的知识体系和价值观体系仍处于不断发展中,他们的学识和思想均易受身边榜样的影响。师范实习生作为代理班主任,与其他学科的任课老师相比,其与

班级学生的接触较多，其言行在无形中对学生产生着巨大的潜移默化的影响，在培育学生的社会主义核心价值观的过程中，师范实习生应在日常工作和生活中积极践行社会主义核心价值观，用言行感染学生，充分发挥榜样的作用。这在客观上能够促使师范实习生学习和理解社会主义核心价值观，从而达到培育师范实习生核心价值观的目的，实现"立德树人"的教育目标。

（二）尊重学生，正视学生在教学活动中的主体地位

师范实习生作为代理班主任，应在教学活动中充分尊重学生和爱护学生，正视学生在教育教学中所处的主体地位，并且在班级的日常活动中，例如，评奖评优活动、资助帮扶活动等与学生生活学习息息相关的活动中，充分尊重学生，确保每一位学生都具有活动的参与权、知情权和话语权，并且切实做到公平、公正和公开。代理班主任的这些行为中所践行的公平、公正思想就与社会主义核心价值观中的民主、文明、和谐、自由、平等、公正、法治、诚信、友善等理念相契合。因此，师范实习生在班级活动和教学活动中充分践行社会主义核心价值观，正视学生在教学活动和班级活动中的主体地位，不仅对培养师范实习生的社会主义核心价值观有益，还能够对学生产生较大的榜样作用，营造公平、公正、自由、法治的班级文化氛围，并且能够从深层次上实现国家的富强、民主、文明与和谐，实现"立德树人"的目标。

（三）借助主题班会等活动，构建良好的班风和学风

在教育实习活动中，师范实习生作为班级的代理班主任，不仅要协调学生与各科目教学教师之间的关系，确保各学科教学任务的顺利实施，还要了解学生思想动态，及时为学生解惑，引导学生思想朝着积极、健康方向发展。为了达到这些目的，代理班主任多通过主题班会、组织班级活动等活动形式，了解学生的思想，与学生进行深入沟通与交流，构建良好的班风和学风。

在学校班级建设中，班主任或代理班主任常通过主题班会等形式，借助语言文字或图片、影视图像等手段，向学生讲述具有教育意义的故事，或生活事件的影响，从而达到培养和促进学生思想情感的目的。这种主题班会往往结合校园生活或现实生活中的实际，使学生的获得感触和感动，并最终有所感悟，从而达到感知—体验—明理—导行的精神内化规律。

学校的社会主义核心价值观培育也是如此，师范实习生作为代理班主任，为了构建良好的学风和班风，营造良好的社会主义核心价值观学习环境，往往

需要依照相关的法律和法规办事，培养学生的法治意识，在日常处事中体现公平、公正和平等原则。在班级干部的任免选拔方面，应坚持依法依规办事，确保班级干部的选拔和任免合法合规，倡导民主选拔，公平竞争，任人唯贤，营造民主、和谐的班级氛围。另外，师范实习生作为班主任，应在班级中倡导友好和互助精神。通过组织学习帮扶小组等形式，充分发挥学生的互帮互助的精神，从而引导学生践行社会主义核心价值观中的友善思想，营造友好、和谐、互帮互助、共同进步的校园环境。在班级活动中，师范实习生作为代理班主任，应切实关注班级中每一位学生的思想动态，及时与学生进行谈心，了解学生的思想状态，帮助学生更好地认识问题、解决问题。而在与学生进行一对一的沟通与交流中，师范实习生可以借助不同手段对学生的思想价值观进行引导。例如，在与学生进行一对一沟通与交流中，师范实习生可以对学生进行社会主义核心价值观引导，在润物无声中向学生落实社会主义核心价值观教育。

（四）开展丰富多彩的教育活动

社会主义核心价值观教育作为一种思想教育，不是一朝一夕可以完成的，而是需要经过一个较长的潜移默化的教育过程。在学校的社会主义核心价值观教育过程中，班主任或辅导员起着十分重要的作用。班主任作为学生接受社会主义核心价值观的倡导者，其自身应具备较高的社会主义核心价值观素养，并且在社会主义核心价值观的教育工作中具备较强的创新意识，能够通过创新教育形式的方式，为广大学生树立和践行社会主义核心价值观搭建平台。

具体来说，可以借助各种爱国纪念日、重大节庆日、重要仪式等契机开展多种多样的爱国教育、道德教育主题周等活动。在这些活动的开展过程中，师范实习生作为班级的代理班主任，可以通过开展读一本爱国书籍，看一场爱国电影，或学一首爱国歌曲，出一期爱国板报等活动形式，对学生进行社会主义核心价值观教育，引导学生在日常学习之余了解、学习社会主义核心价值观。

除以上几种活动形式之外，师范实习生还可充分借助网络新媒体工具开展社会主义核心价值观教育活动。例如，建立班级社会主义核心价值观教育QQ群、微信群，开通班级社会主义核心价值观微博或论坛等，培养班级中的网络意见领袖，并且借助在线发起话题、实时互动等形式，及时与班级学生进行思想交流和引导，为班级学生在网络上学习社会主义核心价值观提供在线帮助。

综上所述，师范实习生在教育实习过程中借助班级代理班主任的身份，能够开展多种形式的社会主义核心价值观学习活动。师范实习生在引导班级学生学习社会主义核心价值观之余，其自身必须进行社会主义核心价值观的学习，因此在无形中促进了师范实习生学习社会主义核心价值观的效果和质量，对"立德树人"教育目标的达成起着积极的促进作用。

四、强化师范生日常教育实习活动行为

师范实习生的教育实习活动是检验师范实习生的专业知识和专业技能的主要方法，师范实习生在教育实习活动中往往会担任一个或多个班级的某科教学任务，在教学实践中可以学习和提升教学专业知识与专业技能。而在日常教育实习活动中可以通过多种方法培育师范生的社会主义核心价值观。

（一）借助互动教学模式培育师范实习生的社会主义核心价值观

我国传统的教学模式是一种知识灌输模式，这种教学模式在教学活动中坚持教师中心制，这种教学方法虽然能够将知识大量输入学生的头脑中，但是由于这种教学方法忽视了学生在教学活动中的主体作用，教学效果较差。随着近年来我国教学改革的推进，传统的以教师为中心的知识灌输式教学方法已在教学活动中大大减少，教师开始采用以学生为中心的新的教学方法进行教学。其中，互动教学是现阶段教师教学中常用的教学方法。互动教学是指以学生为主体的互动式课堂教学法，这种教学法实现了从传统的以教师为主体向以学生为主体的教学活动的转变。在互动教学法中，教师需要花费更多的时间和精力对教学环节进行设计。此外，由于教师和学生的价值观念、行为方式以及要达到的目标各不相同，因此互动式课堂往往较之传统的知识灌输式课堂更难掌控，需要师生双方不断寻求共同的教学情境，化解师生之间的互动冲突，对自我的行为进行修正。由此可见，互动教学法更加突出了教学活动的教学相长特点。在教学活动中，教师不仅将知识传授给学生，还能够在整个教学活动中受到相应的启发，从而促进其思想的升华。

互动式教学是一种以学生为主体的教学活动，然而教师在日常教学活动中起着组织、发动、引导、控制、支配、推动和促进教学活动开展和实施的作用。在互动式教学中，教师在认可并重视学生的独立性、自主性和创造性的基础上，可以根据学校的具体课程安排和学生的基础素质，有目的、有计划、有步骤地开展教育和教学活动。

在日常教学活动中，可以通过专门的思想政治教育活动培育学生的社会主义核心价值观，借助相应的思想政治课程引导学生学习社会主义核心价值观。除此之外，大中小学生的日常教材中蕴含着丰富的道德情感，如自强精神、爱国精神、敬业精神、团结友爱精神、诚信精神等。这些道德情感与社会主义核心价值观相契合，能够引导学生更好地学习和理解社会主义核心价值观。而这在客观上也能够培育师范实习生的社会主义核心价值观。

互动式教学包括行为互动、情感互动两个方面。其中，行为互动，是指学生通过自己的听、说、读、写、交流、讨论、竞争、合作等行为方式与他人发生相互作用和影响。在课堂教学活动中，教师可通过树立榜样的行为，为学生提供一个可见、可感的学习榜样，通过号召学生向榜样学习而引发学生与榜样的行为对比，通过激发学生的学习兴趣和学习动机，引导学生不断发挥自我主观能动性，通过反思、模仿学习榜样的行为，而达到内化榜样优点，提升学生整体素质的目的。例如，以互动教学方法培养学生的社会主义核心价值观，即需要为学生树立一个可知、可感的学习榜样，这一榜样通常具有较强的道德素养和社会主义核心价值观素养，通常以教师本人作为榜样。而对于师范实习生来说，其本人必须具备较强的社会主义核心价值观素养，因此互动式教学在客观上能够起到促进师范实习生学习和提升社会主义核心价值观素养的目的。

情感互动是指学生在课堂互动过程中，彼此间情感交流与信任的建立，不依靠具体的行为表现，而依靠相互肯定、相互扶持和相互接受的形式，实现情感互动与情感共鸣，从而满足学生互动的精神交流需求。在课堂教学和互动学习过程中，必须进行情感互动，尤其是在进行思想政治教育或社会主义核心价值观教育时，师生之间的良好情感互动在教学起着重要的引导学生培养良好品质的作用，学生间的情感互动对于激发学生的学习兴趣，培养学生的道德情操起着极为重要的作用。

综上所述，互动教学模式培育在引导和培养师范实习生的社会主义核心价值观的过程中起着十分重要的作用。

（二）构建全方位教育实习课程体系培育师范生的社会主义核心价值观

教育实习是师范教育中一门极其重要的综合性实践课程，在未来教师知识、专业发展和思想道德培养方面均起着极其重要的作用。因此，在开展教育实习活动中，必须进行全方位教育实习课程体系规划，将教育实习落到实处，并且突出教育实习的价值，实现教育实习目标。在教育实习中，培育和践行社会主义核心价值观需要明确教育实习在未来教师培养中的地位，将教育实习贯穿于师范活动的全过程，并且将社会主义核心价值观纳入师范教育实习范畴。近年来，随着我国师范院校教育实习制度逐渐完善，教育实习已贯穿于师范教育的全过程。即师范生自进入师范院校之后，直到师范学习生涯结束，在此期间，师范生通过微格教学、见习、实习等多种形式将教育实践能力训练贯穿于整个日常学习生涯。例如，有的师范院校在师范生大一和大二时就安排他们进入中小学进行教育见习，大三时则组织学生在教育实习基地进行较长时间的教育实习活动，而大四时期，则安排师范学生以顶岗实习或支教实习的形式进入中小学进行长达数个月甚至一年的教育实习，从而实现了师范生教育实习的全程化。在此期间，学校可通过双导师制的形式对师范生进行实习指导。在此过程中，将社会主义核心价值观纳入实习课程体系，有针对性地对师范生开展师德教育，并将师德教育与社会主义核心价值观教育相结合，最终达到"立德树人"的目标。

（三）完善教育实习考评机制培育师范生的社会主义核心价值观

教育实习作为师范院校的重要教育环节，教育实习考核制度的完善与否反映了学校对教育实习的重视程度高低。师范院校的教育实习考核制度是师范院校为了确保教育实习质量而制定的严格的考评机制和教育实习质量监控体系。教育实习考评机制和质量监控体系是教育实习目标实现的制度保障，也是教育实习质量的保障机制。因此，在进行教育实习考评机制设置中，应明确考核目标，考核目标应以切实提升师范生的教学能力和专业能力，以及职业道德水平为主。考核内容则应囊括教育实习生的教学工作实习、班主任工作实习、教育研究实习，在整个实习过程中表现出来的态度、学习、工作以及生活等各个方面进行全方面考核。其中，社会主义核心价值观作为教育实习生的思想方面的内容，也应纳入考核体系之中，以制度的形式促使师范实习生学习社会主义核心价值观。

综上所述，在师范教育实习中，师范生对社会主义核心价值观的学习应体现在日常教学活动中，并借助完善的考评机制，不断认真学习社会主义核心价值观，并将社会主义核心价值观内化为其道德，从而达到"立德树人"的目的。

第五章
师范教育实习中的优秀传统文化教育

第一节　中华优秀传统文化教育的内涵及意义

中华优秀传统文化是中华优秀思想文化和观念形态的总体表征，是中国人民数千年文明的辉煌创造，不仅为人类文明建设做出了积极贡献，还在中国人民精神文化建设和道德建设方面起着不可估量的作用。"优秀传统文化是一个国家、一个民族传承和发展的根本，如果丢掉了，就割断了精神命脉。"[①] 本节主要对中华优秀传统文化的内涵、意义以及中华优秀传统文化与社会主义核心价值观之间的关系进行详细分析和阐释。

一、中华优秀传统文化内涵

中华优秀传统文化是中华民族的精神支柱和文化血脉，是中华文化软实力的重要构成部分。2017年，中共中央办公厅、国务院办公厅颁布了《关于实施中华优秀传统文化传承发展工程的意见》，其中指出"中华文化源远流长、灿烂辉煌。在5 000多年文明发展中孕育的中华优秀传统文化，积淀着中华民族最深沉的精神追求，代表着中华民族独特的精神标识，是中华民族生生不息、发展壮大的丰厚滋养，是中国特色社会主义植根的文化沃土，是当代中国发展的突出优势，对延续和发展中华文明、促进人类文明进步，发挥着重要作用。"该文件中将中华优秀传统文化的内涵划分为核心思想理念、中华传统美德、中华人文精神三项内容。本书认同这种划分方法，并对不同内容进行详细阐释。

（一）中华优秀传统文化的核心思想理念

中华优秀传统文化的核心思想理念是中华民族和中国人民在漫长的历史变迁中形成和培育的基本思想理念，包括革故鼎新、与时俱进的思想，脚踏实地、实事求是的思想，惠民利民、安民富民的思想，道法自然、天人合一的思想等。

[①] 戴冰. 青年思想政治工作学引论 [M]. 上海：上海交通大学出版社，2019: 115.

1. 革故鼎新、与时俱进的日新思想

中华民族的传统文化观念中崇尚"生生不息"的精神和"苟日新，日日新，又日新"的日新思想。古人认为，世界处于变化之中，发展变化是世间恒久不变的真理，世人只有不断进行"革故鼎新"，抛却旧有的思想和观念，树立新思想和新观念，才能在变化的世界中跟上时代的步伐。"与时俱进"也表达了跟随时代共同进步的思想。中华民族优秀传统文化中的这种革故鼎新、与时俱进的日新思想是在尊重客观事物发展规律的基础上，顺应事物发展规律而做出的改变。这种日新思想在现阶段仍然是指导我国人民不断发展和进步的重要思想。

2. 脚踏实地、实事求是的奋斗思想

中华民族十分推崇脚踏实地，实事求是的奋斗精神，其中，脚踏实地一词出自宋朝邵佰温《邵氏闻见前录》卷十八："公尝问康节曰：'某何如人？'曰：'君实脚踏实地人也。'"[①]在这句话中，脚踏实地指做事踏实、认真。"实事求是"一词最早出自东汉班固所著的《汉书·河间献王传》："修学好古，实事求是。"[②]正是源于中华民族数千年的脚踏实地、实事求是的奋斗精神，中华民族才能历经千年而不倒。

3. 惠民利民、安民富民的仁爱思想

中华民族传统文化中十分重视人的价值，倡导"仁者爱人"的以人为本的精神。例如，儒家思想中强调"民为贵，社稷次之，君为轻"，将人民的利益视为重于国家和君主的利益。除了儒家之外，春秋战国时期的道家思想中也着重强调了人的利益，道家的经典著作《道德经》中即指出"道大，天大，地大，人亦大"的思想，强调人与天地和道的地位一样重。这种惠民利民、安民富民的仁爱思想是我国民本思想的基础，贯穿于我国的民本思想之中，成为中华优秀传统文化中的治世思想的基础。

4. 道法自然、天人合一的和谐思想

中华民族优秀传统文化倡导人与人之间的和谐、人与自然之间的和谐。早

[①] [元]张光祖，徐敏霞. 言行龟鉴[M]. 文青，校点. 沈阳：辽宁教育出版社，2001：31.
[②] 顾作义，钟永宁. 守望中国价值：中国传统文化理念二十六讲[M]. 广州：广东人民出版社，2019：380.

在春秋时期，我国古代哲学家和思想家老子在《道德经》中即提出了"人法地，地法天，天法道，道法自然"的理念。道家将万事万物的总体法则称之为"道"，将具体的事物称之为"理"，认为理对万事万物起着理性制约作用，而道则是世界万事万物存在的总依据。"道法自然"即指尊重自然规律的发展，天、地、人、物均需遵从自然规律的发展。道法自然的主旨在于自然，这种独特的自然观对我国传统文化产生了深刻的影响。道法自然的思想强调了自然法则的统一、有序。天人合一的思想由董仲舒提出，董仲舒认为："天亦有喜怒之气、哀乐之心，与人相副。以类合之，天人一也。"[1]之后，张载对天人合一的思想进行了详细阐释，指出："因明致诚，因诚致明，故天人合一。"[2]明确提出了天人合一的概念。从总体上来看，道法自然、天人合一的思想表现了中华民族优秀传统文化中对自然和人类精神世界的理解。不仅表现出人与自然和谐共融的思想，还体现出对人类精神世界中和谐价值的追求，强调人与自然、人与人以及人与社会之间的和谐精神。

（二）中华传统美德

在中华民族数千年的发展中，形成了丰富的道德理念和道德规范，这些道德理念和道德规范共同构成了中华民族的传统美德，潜移默化地影响着中国人的思想和行为方式。其中包括爱国主义精神，天下兴亡、匹夫有责的担当精神，以及崇德向善的精神，孝悌忠信、礼义廉耻的荣辱精神等。

1. 爱国主义精神

爱国主义是人们对于祖国的一种深厚的情感。爱国主义集中表现为民族自尊心和民族自信心，以及为保卫祖国和争取祖国的独立和富强而献身的奋斗精神。爱国主义体现在政治、法律、道德、艺术等整个上层建筑中，并渗透到社会生活中的方方面面，爱国主义在不同的历史发展时期和不同阶段有着不同的具体内容。对于中华民族来说，爱国主义是中华民族的光荣传统和崇高美德，也是我国各民族大团结的政治基础和道德基础。中华民族在数千年的历史中形成了以爱国主义为核心的团结统一、爱好和平、勤劳勇敢和自强不息的民族精神。可以说，爱国主义是中华民族赖以生存和发展的情感纽带和精神因素。

---

[1] （汉）董仲舒著.春秋繁露[M].上海：上海古籍出版社.1989:99.
[2] （汉）董仲舒著.春秋繁露[M].上海：上海古籍出版社.1989:112.

2. 天下兴亡，匹夫有责的担当精神

天下兴亡，匹夫有责，最早是由顾炎武在其著作《日知录·正始》中提出的。在封建社会中，人们以家庭作为最小的社会构成单位，以血缘宗法关系凝聚在一起，因此是一种家国一体的社会。顾炎武在《日知录》中对"国家"和"天下"进行了详细区分，他认为，在封建社会中，"国"代表着一家一姓的君主政权，而"天下"则是跨越姓氏的，指整个国土以及国土上的人民。"亡国"是一种改国易号的行为，而"亡天下"则是指"仁义"受阻，其关乎着整个民族的生死存亡。因此，在天下危亡之际，每一名普通老百姓都应积极承担起拯救天下苍生的重任，即所谓的"天下兴亡，匹夫有责"。由此可见，"天下兴亡，匹夫有责"的精神将个人命运与国家命运紧密联系在一起，将国家利益与个人得失联系在一起。这种对待国家和民族无私奉献的精神是中华民族传统文化中宝贵的担当意识的体现。当国家和民族处于危亡之际时，人民都愿意为国家和民族献身，拯救国家和民族于危难之中。

3. 崇德向善的道德精神

中华优秀传统文化中十分重视德行，对个人的德行有着众多要求。例如，春秋时期出现的《论语》中即指出"三人行，必有我师""见贤思齐，见不贤而内自省"，强调生活中到处都有德行上的榜样，劝导人们向善，只要看到比自己更加贤德的人，就要向他看齐；反之，如果看到有的人德行不良，那么需要对自己的行为进行反省，思考自己是否也犯有相同的错误。除了《论语》之外，我国古代的孟母三迁的故事，以及"近朱者赤，近墨者黑"等成语均反映出我国古人崇德向善的精神，对有道德的人以及德行出众之人十分敬仰和尊崇。

4. 孝悌忠信、礼义廉耻的荣辱精神

中华优秀传统文化对个人的基本伦理十分重视，其中，孝悌忠信、礼义廉耻就属于对个人基本伦理的要求。其中，孝是指个体应当孝敬父母，悌指友爱兄弟，忠则是指心志坚定，信指诚实守信。礼义廉耻则是人立足于社会的基本荣辱精神。儒家文化中的孝悌忠信、礼义廉耻贯穿于整个中华传统文化的发展之中，是中华传统美德的核心因素。孝悌忠信、礼义廉耻已深化为每个中国人的日常行为和思想理念之中，成为中华优秀传统文化中固有的道德取向，对中国人的道德进行规范和约束。

（三）中华人文精神

中华优秀传统文化中包含着丰富多样的精神财富，这些精神财富是中国人民思想观念、风俗习惯、生活方式以及情感表达的积淀。其中包括求同存异、和而不同的处世方法；文以载道、以文化人的教化思想；形神兼备、情景交融的美学思想；勤俭节约、中庸和泰的生活思想。

1. 求同存异、和而不同的处世方法

中华优秀传统文化中包含着鲜明的求同存异、和而不同的处世方法，其本质是尊重社会多样性差别前提下的同一。早在春秋时期，孔子就曾指出："君子和而不同，小人同而不和。"从这一思想出发引申出的求同存异、和而不同的处世方法影响了我国数千年的处世理念。求同存异、和而不同的处世方法相互影响，受这一思想的影响，我国早在数千年前就频繁与周边国家和地区不断进行生产生活和文化交流，在交流过程中就采用了求同存异、和而不同的处世方法，促进了我国与其他国家包括语言文字的交流、艺术的交流、经济的交流，在客观上促进了我国与其他国家之间的文化融合的过程，并对我国传统优秀文化的最终形成奠定了坚实基础。除了国家之间交往时的原则外，求同存异、和而不同还为中华民族内部的交流和个体之间的交流提供了依据，是中国人自古至今的处世方法。

2. 文以载道、以文化人的教化思想

"文以载道"是我国古代文论的一种观念，也是中华优秀传统文化的一种教化思想。"文以载道"的思想理念最早出现于《荀子》一书中，在此书中的多篇文章中均已产生了文以载道的萌芽。汉朝时期，刘勰在《文心雕龙》中鲜明提出了"文以载道"的思想，他认为，文是用来阐明道的，强调了文化的教化功能。"以文化人"同样强调了文化的教化功能。文化是社会的产物，文化是由人类创造出来的，并且为人类社会而服务，为人类所继承。文化之所以被传承，是因为道是文化的载体，具有教化世人的作用。这里的"道"是指自然与社会的运行规律，只有以道教化人，才能更好地传输文化中的价值理念。

3. 形神兼备、情景交融的美学思想

中华优秀传统文化中存在形神兼备、情景交融的美学思想，这一美学精神强调美与善的高度统一，情与理的高度统一，认知和直觉的高度统一，自然与人的高度统一。中国美学思想强调人与自然之间是和谐统一的，具有不可分割

的和谐关系。数千年来，形神兼备、情景交融的美学思想成为指导历朝历代文艺美学的主要思想。例如，我国文学中就大量采用了形神兼备、情景交融的艺术手法，强调融情于景，情景交融。

4. 勤俭节约、中庸和泰的生活思想

中华优秀传统文化中勤俭节约的思想源远流长，早在春秋时期，孔子就提出了"俭以养德"的思想。《左传》中指出："俭，德之共也，侈，恶之大也。"强调勤俭节约的价值观。数千年来，勤俭节约不仅是中国人代代相传的一种生活方式和价值理念，还是衡量一个人德行，培养个人良好道德的基础。中国人认为，一个人的思想价值和生活方式是节约还是奢侈浪费反映了一个人的自知、自律、自省精神，也反映了社会文明的程度。如果社会上盛行节俭之风，那么该社会必然敬畏自然，尊重社会劳动。否则，则会产生浪费粮食、浪费社会财富的不良风气。中庸和泰思想是指人与外部世界和谐共处、互相助益的生活理念。

二、中华优秀传统文化的特征

中华优秀传统文化具有价值性与稀缺性、继承性与创造性、开放性与包容性、生命力与凝聚力等特征。

（一）中华优秀传统文化的价值性与稀缺性

中华优秀传统文化源远流长，其中蕴含着极为丰富的历史价值与时代精神。中华优秀传统文化是中华民族五千年历史的积淀，包含着珍贵的制度文化、艺术文化、农业文化、手工艺文化、科技文化等。这些文化极大地丰富了世界文化，是世界历史文化中浓墨重彩的一笔。例如，我国传统的科技文化中的四大发明被世界公认为最具价值的发明之一。又如，我国传统的书法和绘画艺术成就在世界书画史上占有独特的位置，极大地丰富了世界艺术创作。再如，我国汉字历经长达数千年的发展和演变，至今仍在使用，在世界文字史上占有极其重要的地位。现阶段，在经济全球化和政治多极化的背景下，中华优秀传统文化的价值性和稀缺性日益显著，对内可以凝聚人民，树立民族自信和民族自豪感；对外则在化解国际矛盾与争端等方面起着重要作用。正是由于中华优秀传统文化的价值性和稀缺性，使得中华传统优秀文化更应该被继承、弘扬、发展、创新，成为引导当代中国人发展和进步的基础。

（二）中华优秀传统文化的继承性与创造性

中华优秀传统文化具有数千年的历史，其中的文化精髓具有较强的继承性。中华优秀传统文化的内涵十分丰富，包含着大量超越时代、超越地域的精神和理念，这些精神和理念被不同时代的人所继承，成为指引不同时代的中国人思想和行为的普遍真理。例如"以人为本"的精神、自强不息的精神、艰苦奋斗的精神、爱国主义精神、勤俭持家的精神、仁爱爱人的精神、先天下之忧而忧后天下之乐而乐的奉献精神等。这些精神充分彰显了我国古代人民的先进思想理念，被历朝历代的人民所继承，在社会发展和建设中起着十分重要的引导作用。现阶段，我国正处于社会主义发展的初级阶段，在世界多元文化发展和多极政治的形势下，不仅应当继承中华优秀传统文化，还应对中华优秀传统文化进行创新，只有这样，才能适应世界形势变革和时代发展，才能保持与时俱进，才能实现中华民族伟大复兴的中国梦。因此，中华优秀传统文化的继承性和创造性缺一不可，其中，对中华优秀传统文化的继承是中华优秀传统文化创新的基础，而对中华优秀传统文化的创新则是中华优秀传统进一步发展的前提和条件。

（三）中华优秀传统文化的开放性与包容性

中华优秀传统文化还具有较强的开放性和包容性。中华优秀传统文化内涵丰富，包罗万象，如果按照学术流派进行划分，则可划分为数之不尽的流派。从历史时代发展的角度来看，中华优秀传统文化既包括先秦时期的儒家、法家、道家、墨家、阴阳家、名家、杂家、农家、小说家、纵横家、兵家、医家等诸子百家的思想，又包括两汉时期的儒家文化、魏晋南北朝时期的玄学文化、隋唐时期的佛教文化、两宋和明朝时期的理学文化、清朝时期的朴学文化等。从学术流派角度看，中华优秀传统文化中虽然包含着丰富的学术流派文化，但总体而言中华优秀传统文化以儒释道文化为主。其中"儒"指儒家文化，"释"为佛教文化，"道"指道教文化。三种文化之间建立了紧密的联系，成为中华优秀传统文化的独特的伦理道德文化。中华优秀传统文化之所以能形成内涵丰富的文化，与中华优秀传统文化的开放性和包容性有关，一方面，中华优秀传统文化能够广泛吸引各个流派的优秀文化，并与其自身文化融会贯通，从而形成具有极强包容性的文化；另一方面，能够不断进行自身内在文化体系完善，成为涵养民族精神的优秀文化，不断推动中华文明的历史演进和发展。

（四）中华优秀传统文化的生命力与凝聚力

中华优秀传统文化历经数千年的发展且始终延续，体现出了中华优秀传统文化旺盛的生命力和凝聚力。中华优秀传统文化是世界人类文明发展史上至今唯一一个不曾间断过的文化形态，中华优秀传统文化的这种强大的生命力使中华民族能够始终屹立于世界民族之林。中华民族在数千年的历史中曾经多次面临生死存亡的威胁。然而，在危急时刻，中华优秀传统文化彰显出了旺盛的生命力和凝聚力，将全体人民团结起来共同抵抗侵略，最终取得了胜利，维护了中华文明。中华优秀传统文化之所以拥有强大的生命力和凝聚力，是由长期以来中华民族形成的语言文字、风俗习惯以及伦理道德精神所决定的。在长期的发展与演变中，中华优秀传统文化已成为中华民族统一思想、规范行为的强大力量源泉，使中国人内心深处有着强烈的文化认同感，从而成为中华民族强大生命力、凝聚力和向心力的重要源泉。

三、中华优秀传统文化的传承与创新意义

中华优秀传统文化的传承和创新具有十分重要的意义，主要体现在以下几个方面。

（一）中华优秀传统文化能够树立民族文化自信

中华优秀传统文化是中华民族在五千多年的历史长河中积淀下来的理性和生存智慧，具有强大的生命力，是树立民族文化自信的基础。

中华优秀传统文化中蕴含着丰富的提升文化自信的资源。中华优秀传统文化博大精深，内涵丰富，其基本内容包括重人、重德、重和三个方面。其中，重人，是指中华优秀传统文化中蕴含的以人为本的精神，人本主义文化传统认为人民才是国家和民族长治久安的基础。重德则是指中华优秀传统文化中对人的德行的看重。我国古代先贤很早就提出了"立德，立功，立言"的三不朽之论，将德行排在名利言论之前，倡导美德的重要性，而正是由于中华优秀传统文化中的传统美德，才使得中华民族形成了独特的民族精神。重和是指中华优秀传统文化重视和谐，这种贵和精神使得中华优秀传统文化具有强大的包容性和开放性，能够促使中华文化以一种包容的姿态面对各种外来文化，并且积极汲取外来文化中的精华，使中华优秀传统文化表现出强烈的与时俱进的精神。

中华优秀传统文化中包含着独特的提升中华民族文化自信的独特特质。中

华优秀传统文化强调个人自强不息的奋斗精神,中华民族的传统典籍《周易》中的"天行健,君子以自强不息,地势坤,君子以厚德载物"中就强调君子应当自立自强和以深厚的德行包容他人。中华优秀传统文化中的这一思想具备了较强的开放和包容精神。受中华优秀传统文化的这一特质的影响,中华民族在数千年来始终以自强不息的精神创造着各种发展机会,获得了旺盛的生命力。与此同时,中华优秀传统文化中的开放与包容精神还为中华文化对外来文化的融合奠定了基础。此外,中华优秀传统文化中还包含着天人合一的思想,强调人与自然、人与社会、人与人之间的和谐发展。这一思想对解决当代生态危机、社会发展过程中遇到的种种问题都有着重要的启示作用。由此可见,中华优秀传统文化在树立民族文化自信方面发挥着极其重要的作用。

(二) 中华优秀传统文化在青少年德育培养中起着积极作用

中华优秀传统文化中蕴含着丰富的道德文化,在青少年的德育培养中起着极为重要的作用。青少年是一个国家和民族的未来,肩负着实现中华民族伟大复兴的重任,因此青少年的培养是我国教育的重中之重。青少年正处于心理发展的关键时期,价值观和人生观还未完全成型,极易受到外界环境的影响和干扰。在青少年的培养中,除知识教育外,还应关注青少年的思想教育,尤其是道德培养。中华优秀传统文化中蕴含着丰富的德育思想教育资源。

中华优秀传统文化中蕴含的德育思想教育资源包括"礼之用,和为贵"的中庸思想教育、"天地之性,人为贵"的生命观教育、"知行合一,经世致用"的价值观教育、"自强不息,厚德载物"的民族精神、"人生自古谁无死,留取丹心照汗青"的爱国主义教育等。这些丰富的德育教育资源在青少年的德育培养中起着构建良好文化环境、塑造青少年理想人格、培育青少年社会主义核心价值观、提升青少年德育教育实效的重要作用。

1. 构建青少年德育培养的良好文化环境

青少年的德育培养主要借助学校专门的思想政治课程或其他课程进行,而将中华传统优秀文化纳入青少年德育培养体系,有利于构建青少年德育培养的良好环境。中华优秀传统文化中蕴含着丰富的道德文化,能够在校园中和社会上营造良好的文化环境,便于青少年学习中华优秀传统文化中的德育思想。中华优秀传统文化中的德育思想在漫长的历史发展和演进过程中形成了一套成熟的德育价值体系,从而形成了系统丰富的个人伦理、家庭伦理和国家伦理,建立了完备的德育理论体系。这种德育理论体系对维护社会的和谐发展、化解社会矛盾和人际冲突，以及推动社会历史的发展具有极为深远的影响。数千年来，这种德育理论体系已深入中国人的家庭、社会之中，成为指引中国人生存和发展的道德准则。青少年的德育培养是一项十分复杂而艰巨的系统工程，不能仅仅依靠学校的德育课程培养，还需在家庭中、社会上形成良好的德育文化环境，唯其如此，才能为青少年德育培养提供良好的环境。

2. 塑造青少年理想人格

中华优秀传统文化内涵丰富，博大精深，类型多种多样，在塑造青少年的理想人格方面起着十分积极的作用。中华优秀传统文化中的自尊、自爱、内省、仁爱等是中华传统文化中对君子的要求，同样适用于青少年的道德教育，能够引导青少年树立理想人格。除此之外，中华优秀传统文化中的仁义、忠恕、孝顺、诚信等品格也能够提升青少年的心理教育，培养青少年形成健全的人格。

3. 培育青少年社会主义核心价值观

社会主义核心价值观与中华优秀传统文化之间存在着千丝万缕的关系，中华优秀传统文化是社会主义核心价值观形成的基础，而社会主义核心价值观中则蕴含着丰富的中华优秀传统文化资源，习近平曾指出，社会主义核心价值观充分体现了对中华优秀传统文化的传承的和升华。除此之外，中华优秀传统文化作为我国软实力的组成部分，引领国家政治、经济和科学文化的发展，为社会主义生产力的发展提供强大的精神动力，对培养青少年良好的道德思想，引导和帮助青少年塑造理想人格等方面起着重要作用。

4. 提升青少年德育教育实效

青少年的思想道德培养作为一项复杂而艰巨的任务，其目的是帮助青少年树立完善、积极的社会价值观和人生观以及道德观等。然而，青少年的道德思想教育属于精神领域范畴，并非仅仅通过知识学习就可以取得良好的效果，而是需要青少年主动、积极地学习道德规范，并将所获得的道德知识进行内化，才能在行动中表现出来。而中华优秀传统文化中蕴含着丰富的道德文化资源，如果将中华优秀传统文化纳入校园之中、家庭之中，则可对青少年的思想道德教育产生潜移默化的影响，从而提升青少年德育教育实效。

四、"立德树人"与中华优秀传统文化之间的关系

"立德树人"是教育的根本任务,"立德树人"中所立之"德"是崇真向善之德,是爱国爱家之德,是自强不息之德……"立德树人"与中华优秀传统文化之间存在着紧密联系。

(一)中华优秀传统文化是"立德树人"的根本底色

中华优秀传统文化是中华民族精神的重要载体,是民族认同、安身立命、精神归根和心灵安放的精神家园,也是中华民族凝聚力和创造力的文化源泉。学校教育中的"立德树人"是培养社会主义接班人和中华优秀文化继承人的重要方式。可以说,中华优秀传统文化是"立德树人"的根本底色。

"立德树人"中的"德"是指道德,而社会道德的形成以社会文化作为基础,社会文化则是由千年来各民族为了实现共同的奋斗目标而通过协商、合作形成的命运共同体,在共同的生活方式、思维方式和行为方式的基础上形成的共同的价值追求和思想行为的总和。因此,从这一视角来看,社会道德必须融合中华民族千百年来的传统文化,并且将传统文化中的精神特质、价值取向、理想信念等作为"德"的底蕴,形成独特的道德主体,才能明确"德"的内涵。

"立德树人"作为教育的目标和任务,在"培养什么人"方面离不开中华优秀传统文化的引导。文化作为社会软实力,具有育人的功能,能够对人们的思想和行为产生潜移默化的影响。马克思曾说:"通过传统和教育承受了这些情感和观点的个人,会以为这些情感和观点就是他的行为的真实动机和出发点。"[1] 中华优秀传统文化的内涵博大精深,包含着大量熠熠生辉的思想和优秀的价值理念、理想信念、思维方式、伦理道德以及为人处世的准则等,能够在潜移默化中对人们的思想和行为产生影响,从而培养出符合国家建设和民族发展要求的道德高尚的人才。从这一视角来看,"立德树人"的过程中"培养什么人才"需以中华优秀传统文化作为基础。

"立德树人"中"怎么培养人才"同样可以从中华优秀传统文化中找到答案。我国数千年的优秀传统文化中包含着中华民族的精神内核和文化认同,这

---

[1] 中共中央马克思恩格斯列宁斯大林著作编译局.马克思恩格斯选集(第1卷)[M].北京:人民出版社,1995:611.

种精神内核和文化认同连接着中华民族的过去与未来,是构建民族国家共同文化根基,实现共同理想的基础,具有与时俱进的特点。在"立德树人"的过程中,从时代角度出发,对中华优秀传统文化进行筛选、过滤和总结,从中寻找适合的方式和方法,并在原有人才培养的基础上进行文化创新,可以提升"立德树人"的效果,解决"怎么培养人才"的问题。

(二)中华优秀传统文化是"立德树人"的智慧宝库

中华优秀传统文化博大精深,其中蕴含着大量的育人思想,这些育人思想大多凝聚着古代先贤的诸多实践,是在实践中经过反复检验获得的理想信念、价值取向、基本精神追求和育人方式。从这一角度看,中华优秀传统文化是"立德树人"的智慧宝库。

中华优秀传统文化中蕴含着丰富的理想和信念。中华民族数千年的历史上涌现出了数不胜数的先贤大哲,他们追求道德完善和人格建设,不断提升人生境界。在精神方面,他们追求崇高的道德,以实现人的尊严和价值;在社会实践方面,他们通过创造社会价值,从而将内在的人格力量外化为现实社会的价值创造,实现古圣先贤"齐家治国平天下"的理想。在这一过程中形成了"天下兴亡,匹夫有责""先天下之忧而忧,后天下之乐而乐"等爱国主义思想和情操,留下了诸多可歌可泣的故事。这些道德情操是"立德树人"的重要内容。

中华优秀文化的价值观以"仁""孝"为核心,从"仁""孝"的核心出发,形成了杀身成仁、舍生取义、重义轻利、见利思义、先公后私、公而忘私、父慈子孝、兄良弟悌、由己及人、仁民爱物、民贵君轻、重社稷必爱百姓,以及孝老爱亲、扬善扶正、见义勇为、敬业乐群、自强不息等理念。这些理念是社会主义核心价值观的重要精神滋养,也是"立德树人"的重要内容。

中华优秀传统文化中还包含着自强不息、厚德载物的民族精神,众志成城的团结精神,公而忘私的奉献精神,舍我其谁的担当精神等,它们共同构成了中华民族的爱国主义精神传统。这些都是"立德树人"的重要内容。

中华优秀传统文化中除了"立德树人"的丰富内容外,还蕴含着一系列行之有效的育人方式和原则,例如,因材施教原则、言传身教原则、教学相长原则、循循善诱原则等,这些育人方式和原则历经社会实践的检验,具有长久的魅力,蕴含着丰富的育人智慧。这些优秀传统文化中的育人方式和原则为现阶段各级学校中的"立德树人"的实现方式提供了重要参照和借鉴。例如,中华优秀传统文化中的道德思想体现在各种节日文化、建筑、绘画、雕刻、古典诗文中,从而在潜移默化中影响"立德树人"效果。

(三)中华优秀传统文化可以推动树立"立德树人"理念

中华优秀传统文化具有较强的开放性和包容性以及与时俱进的特点。要想从中华优秀传统文化中汲取营养,作为"立德树人"理念的精神基础和智慧宝库,需要对中华优秀传统文化进行挖掘和阐释,只有"加强对中华优秀传统文化的挖掘和阐发,努力实现中华传统美德的创造性转化、创新性发展,把跨越时空、超越国度、富有永恒魅力、具有当代价值的文化精神弘扬起来。"[1]才能将中华优秀传统文化进行重塑和创新,抛弃其中的糟粕,融合时代精神,从而为"立德树人"提供有效支撑与滋养。

现阶段,"立德树人"的培养目标应为培养具有坚定的理想信念,正确的世界观、人生观和价值观的公民,让民族精神、民族美德、民族文化牢牢扎根心中,让友善、互助、明理、自强、谦让、包容、诚信、节俭的传统美德融入血液,努力做到有信仰、有理性、有道德、有本事。[2]其中,有信仰就是以马克思主义思想和中国梦理想信念作为信仰;有理性就是以社会主义核心价值观作为价值操守;有道德就是以中国精神作为独特标识的精神境界和道德情操;有本事就是具有当代中国经济社会发展专业分工和社会交往全面发展的能力担当。除此之外,"立德树人"的培养目标中还需兼顾"德才兼备",一个人只有具备这些条件,才能成为中国社会主义建设的合格建设者和可靠接班人。而培养新时期的"四有"人才需要以中华优秀传统文化为依托,从优秀传统文化中汲取营养,使优秀的传统文化薪火相传,实现从中华优秀文化到"立德树人"理念的树立。

---

[1] 习近平.习近平谈治国理政[M].北京:外文出版社,2014:163.
[2] 张利明."立德树人"与中华优秀传统文化关系述论[J].社会科学研究,2016(6):146.

第二节　中华优秀传统文化教育对师德的影响

教师是人类灵魂的工程师，师范教育作为未来教师培养的主要途径，除了要进行专业知识与专业技能教育外，师德教育是其中的重中之重。中华优秀传统文化中完整保存了我国数千年古圣先贤修身、齐家、治国、平天下的智慧与方法，这些优秀传统文化是当代中国人培养高尚道德的重要文化背景，也是师范教育中师德培养的基础。本节主要对中华优秀传统文化教育对师德培养的影响进行详细分析。中华优秀传统文化在师范生的师德培养中起着十分重要的作用，主要体现在以下两个方面。

一、中华优秀传统文化中含有丰富的师德养成资源

中华优秀传统文化中蕴含着丰富的师德养成教育资源，其中包括中华民族的传统美德、优秀传统文化的基本精神以及师德文化。其中，中华民族的传统美德包括仁爱孝悌、谦和好礼、诚信知报、精忠爱国、克己奉公、修己慎独、见利思义、勤俭廉政、笃实宽厚、勇毅力行等方面。这些优秀的传统美德涉及人与自身的关系、人与他人的关系、人与群体的关系三个方面。对师范生来说，这些中华优秀传统文化中的美德与中华传统师德文化相一致。例如，中华民族传统美德中的仁爱孝悌、谦和好礼的思想体现到我国传统师德领域中，即为爱岗敬业、热爱学生、关心学生、关心集体等精神。

中华优秀传统文化中包含着中华民族的基本精神。中华优秀传统文化是中华民族在数千年历史中形成的，对中国人民的思维方式、价值观念、审美情趣和道德风尚的形成和发展起着十分重要的作用。其中包含着天人合一、以人为本、刚健有为、贵和尚中等思想，这些思想都可以用于教育教学中，对教师的思想和行为进行指导。例如，中华优秀传统文化中以人为本的思想在教育中就可以演化为"以生为本"的思想，即教师在教育教学中应时时处处从学生的需要出发，帮助学生克服教育教学中的种种困难，从而达到良好的教育教学效果。又如，中华优秀传统文化中贵和尚中的思想体现到教育领域中，即要求教

师在教育教学中与学生形成和谐的师生关系，构建和谐的教学环境。

中华优秀传统文化中还包含着丰富而悠久的师德文化。例如，"得天下英才而教育之"的思想和抱负。早在春秋战国时期，我国古代教育家和思想家孟子所著的《孟子·尽心上》中即指出："君子有三乐，而王天下不与存焉。父母俱存，兄弟无故，一乐也。仰不愧于天，俯不怍于人，二乐也。得天下英才而教育之，三乐也。"[1]孟子认为，作为一名教师应当担负为天下培养人才的责任，因此为师者的责任就是天下的责任，而为师者的使命也是天下的使命，坚持这种思想后所产生快乐就是天下的快乐。得天下英才而教育之的教育思想其本质上是一种有教无类的思想，倡导教育面向民众的原则，体现了教师思想的无私与伟大。又如，重视教师人格影响和专业化知识教学能力。我国古代传统教师文化中十分注重教师的个人修为，包括温、良、恭、俭、让、仁、义、礼、智、信，倡导教师要通过自身的道德感化学生，对学生的人格形成正面和积极影响。再如，强调因材施教的教育方式和方法等。因材施教的思想最早是由我国大思想家和大教育家孔子提出的，春秋时期的《论语》中记载过这样一段对话，子路问："闻斯行诸？"子曰："有父兄在，如之何其闻斯行之？"冉有问："闻斯行诸？"子曰："闻斯行之。"公西华曰："由也问闻斯行诸，子曰，'有父兄在'；求也问闻斯行诸，子曰，'闻斯行之'。赤也惑，敢问。"子曰："求也退，故进之；由也兼人，故退之。"[2]这些优秀的中华传统文化都对现代师德的养成提供了丰富的资源。

二、中华优秀传统文化在推进师范生师德的养成起着重要作用

师范生在校学习期间正处于心理发展的关键时期，其价值观和人生观还未完全形成，然而师范生已经具备了成熟的认知能力和判断能力，形成了较强的个性，且处于情感丰富的阶段。中华优秀传统文化中包含着丰富的中华传统美德，它们对师范生师德养成起着重要作用。在师范生师德教育中，通过让师范生充分体会中华传统美德的情感关怀，能够促进师范生对中华传统美德的理论认同、情感认同和价值认同，进而引导师范生形成良好的师德，并且自觉在教

---

[1] 杨志武. 儒兵合一王阳明[M]. 广州：广东教育出版社，2019：40.
[2] 刘君祖. 论语演义（一）[M]. 上海：上海三联书店，2014：118.

学实践中以身作则，弘扬中华优秀传统文化和传统美德，用高尚的师德提升教师的职业幸福感，影响和塑造青少年优良品质的形成。

中华优秀传统文化有助于促进师范生的道德认知。我国优秀传统美德中的顾全大局、爱国情操、乐群贵和、孝慈友恭、仁爱忠恕、宽容和谐、诚实守信、知恩思报、崇尚自强、勇毅力行、慎独自省、求知敬业、团结友善、勤奋节俭等思想都能够对师范生的道德人格和道德情操产生潜移默化的影响，引导他们在思想上树立崇高的道德理想和精神境界，在行动上积极遵守道德规范，践行道德行为，从而不断提升师范生的道德素质，推动师范生师德的养成。

中华优秀传统文化中蕴含着"培养什么人、怎样培养人、为谁培养人"的丰富教育理论和教育实践，这些正是我国"立德树人理论"需要关注并解决的问题。而中华优秀传统文化中的一个个先贤大师用实际行动诠释了崇高的师德，为新时代师范生提供了高尚的道德标尺，激励着新时代师范生自觉在思想上和行动上对标和看齐，勇做新时代弘扬和传承中华传统美德的践行者和示范者，对其师德的养成起着重要作用。

第三节 师范教育实习中优秀传统文化教育的培养路径

师范教育实习作为教师培养的重要环节，在教师师德培养方面起着极其重要的作用。优秀传统文化教育与师德教育之间存在着极其紧密的联系。在师范教育实习环节中，对师范院校学生进行优秀传统文化教育有利于增强师范生的师德，实现"立德树人"的教育目标。本节主要对师范教育实习中优秀传统文化教育的培养路径进行详细研究。

一、在班级管理中纳入中华优秀传统文化

师范实习教师作为实习班主任，在对班级进行管理时，可以将优秀传统文化，尤其是中华美德融入其中，以对学生进行中华优秀文化培养。

（一）将中华优秀传统文化纳入班级管理制度中

师范实习教师作为实习班主任，在进行班级管理时，首先要对学生进行

行为管理和规范。由于学校人数众多，如果不对学生进行严格的行为管理，那么，长此以往，就会导致学校纪律松散，教学任务无法完成。而做好学校的行为管理和德育管理是确保学校管理具有长效性的基础。中小学班主任在对班级管理中也强调对班级的行为管理和德育管理。具体来说，《中小学德育工作指南》《关于新时代推进普通高中育人方式改革的指导意见》《关于加强新时代中小学思想政治理论课教师队伍建设的意见》《新时代爱国主义教育实施纲要》《新时代公民道德建设实施纲要》《中小学传统文化教育指导标准》等文件中均包含着中华优秀传统文化的内容。师范实习班主任在对学生进行以上规章制度讲解时，可通过将中华优秀传统文化纳入其中，提高中小学生的中华优秀传统文化素养。

在进行班级管理中，师范实习班主任还可结合学校和班级的实际情况，制定班级的规章制度，并且将中华优秀传统文化纳入其中。例如，可以让学生每天以某种方式学习中华优秀传统文化，学习中华优秀传统美德等，以提升学生的中华优秀传统文化素养。

在进行班级管理中，师范实习班主任可以通过采取一定的奖惩等方式，加强班级管理的同时将优秀传统文化纳入其中。例如，对班级的好人好事进行公开表扬，并将这种行为与中华优秀传统文化或中华优秀传统美德教育结合起来，形成良好的班级风气，对学生进行潜移默化的影响，从而达到良好的中华优秀文化教育效果，提升学生的道德素质，实现以德树人的目标。对实习班主任来说，在将中华优秀传统文化纳入班级管理工作中后，在对学生进行潜移默化影响的同时，还要求实习班主任以身作则，为学生树立良好的榜样，这对实习班主任提出了更高要求。在客观上，这能够促使实习班主任的言行更符合学校和班级的有关规定，注重优秀传统文化的渗透，从而提高其中华优秀传统文化素养。

（二）将中华优秀传统文化融入学校和班级的学生会、少先队、学生社团等管理组织

在学校和班级中，除了班主任对学生的直接管理外，还可以成立学生会、少先队和学生社团等组织，这些组织可以通过开展组织建设、学习教育和主题活动的形式进行各类活动服务，对学生的行为进行引导。对师范实习生来说，可以借助学校和班级少先队、共青团活动，将中华优秀传统文化中的中华传统

美德纳入其中,从而培养少先队员和共青团员的集体主义精神、爱国主义精神等,提升学生的民族自豪感和民族自信心。除此之外,在进行班级管理中,师范实习班主任还可以通过组织开展一系列爱国主义活动和中华优秀美德活动,从而提升师生的优秀传统文化素养。例如,开展"我是美德小达人""优秀美德我来传""优秀传统文化在身边"等活动。

在学校管理中,学生会是一个十分特殊的组织,是联系学生和学校的桥梁和纽带。中小学的学生会组织一般以各班级的班委作为基层组织,从而对学生进行各个方面的管理。一般来说,学生会干部作为学生会的代表,同时是学生的模范和表率,在遵守学校规章制度,维护学校正常秩序等方面,应为其他学生做出示范。在对学生会学生进行引导时,师范实习教师也可将中华优秀传统文化纳入其中。通过对学生会成员进行中华优秀传统文化教育,向学生会成员传播中华优秀传统文化,鼓励学生会成员在实践中践行中华优秀传统美德,传播中华优秀传统文化。在这一过程中,师范实习教师应当为学生会成员起到榜样的作用,这在客观上对他们提出了更高要求。师范实习生只有不断拓展中华优秀传统文化知识,在教学活动和日常活动中践行中华优秀传统美德,才能对学生会成员进行潜移默化的影响,才能引发学生会成员的自我管理和自我监督,从而实现提升师范实生优秀传统文化素养的效果。

中小学为了满足学生的各种兴趣爱好,丰富校园生活,组建了各种各样的社团活动,学生如果对某个社团感兴趣,可以自发加入某个社团中。例如,学校中开展的古诗词社团、书法社团、国画社团、围棋社团等社团是与中国优秀传统文化息息相关的社团,它们可以有效激发中小学生对传统文化的兴趣,在学习传统优秀文化技能的同时,还可以学习中华优秀传统文化精神,在潜移默化中提升中小学生的优秀传统文化素养。中小学社团活动虽然由学生自发组建,但是为了对中小学生进行引导,许多教师也要参与到学生社团工作中来,对学生的思想和行为进行引导。这在客观上要求师范实习生具有较强的中华优秀传统文化素养,师范实习生可借助中华优秀传统文化对社团进行引导,进而对学生进行引导。

(三)加强中小学教师的中华优秀传统文化素养

对学生的思想和行为引导需要学校每一位教师的参与,从学校领导到各个行政部门、各个学科教师,尤其是各个班级的班主任均需要对学生的行为进行引导。在全员育人的理念下，中小学需要对教师的素质进行全面提升。

1. 加强教师的传统优秀文化培养

我国传统教学理念中认为，教书育人是教师的事情，与学校的其他工作岗位没有直接关系，然而近年来，受全面育人思潮的影响，我国提出了"三全育人"理念，其中的全员育人即号召学校每一个岗位的教师都需要参与到学生的思想和行为引导中，加强对学生的管理。而学校中的管理人员或服务人员由于职务分工的限制，往往只投身于自己的工作中，且在日常工作中与学生的直接接触较少，教育技能和技巧相对缺乏，因此在全员育人理论的指导下，应加强对全校各个岗位教师的传统文化素养和道德教育，以便教师能够为学生的思想和行为做出表率。师范实习生作为中小学教师中的一员，在全员育人的理念下，实习学校应直接对师范实习生进行传统优秀文化和中华传统美德的培育，以提升师范实习生的优秀传统文化素养。

2. 加强教师的师德教育

教师作为教学活动的主体，在教学活动中是与学生接触最多的人，教师的一言一行均对学生起着直接的影响。如果教师自身品行不端，一方面，很难得到学生的真心爱戴，易引发学生的厌恶心理，导致学生对教师所教授学科提不起兴趣，成绩下降，影响教师的教学成果；另一方面，易对学生产生不良影响，造成学生品行不端现象。因此，学校应加强对教师的德育教育。师范实习生作为中小学教师群体的重要组成部分，也应参与到学校的德育教育过程中。在学校的德育教育中，可以融入中华优秀传统文化，充分利用中华优秀传统美德增强师范实习生的德育素养。

二、在课堂教育中纳入中华优秀传统文化

以顶岗实习或支教实习为例，在师范教育实习中，师范生一般需在教育实习中承担相应的课程的教学，为了增强师范生的优秀传统文化教育，可以借助中小学教材或适合中小学生阅读的优秀传统文化教材。

中小学生与大学生不同，其心智水平和文化基础、接受能力均存在一定差异。在不同年级的德育教育中，可以增加一定的优秀传统文化内容，以达到培养和提升学生优秀传统文化知识和人文素养的目的。由于师范实习生在实习时均需担任学校的班主任，师范院校师范生在对学生进行德育教育时，必然会接

触中小学课程和德育教育课程。而在这一过程中,师范实习生也必然会受到中华优秀传统文化的影响和熏陶。

(一)充分利用中小学教材中的优秀传统文化内容

中小学教材中包含着大量优秀传统文化内容,例如,中小学教材中含有大量古诗词内容。中小学古诗词内容中蕴含着大量表现亲情、爱情、友情、离别情的诗作,例如,白居易创作的《赋得古原草送别》、王昌龄创作的《芙蓉楼送辛渐》、王维创作的《送元二使安西》等均为表达古人离别情的作品。中小学古诗词内容中还蕴含着大量对人生哲理的感悟,例如,苏轼的《题西林壁》,罗隐的《蜂》等。中小学古诗词内容中还蕴含着大量包含家国情怀的作品,其中包括王翰的《凉州词》、卢纶的《塞下曲》、王昌龄的《从军行》、陆游的《示儿》、杜甫的《闻官军收河南河北》等。这些作品中包含着大量的爱国主义等传统道德情感,是培养中小学生德育的良好内容。然而,由于中小学长期以来实行应试教育,且在教学过程中,许多中小学教师存在着不注重课前备课的现象,常利用原有教案或直接利用网络资源充当教案,导致教学质量低下,不注重培养学生对古诗词的理解和探究能力;有的教师在古诗词教学中常常一味沉湎于知识讲解,而不注重对学生文化传输等能力的培养,从而使得古诗词的教学目标大多停留在背诵和默写,以及理解诗句的意思等方面,忽视了诗词作者的深层情感理解和文化传承。而中小学学生由于课业繁重,对古诗词的自主学习兴趣大大降低。

为了充分发挥古诗词教学中的传统文化教育价值,师范实习生在进行传统古诗词教学过程中,应从自身入手,不断提升自己的文学素养和文化知识,积极学习古典知识,提高自身的鉴赏水平和能力。除此之外,在教学中师范实习生还应具备较强的教学创新意识。在古诗词教学中注重挖掘其背后的传统文化知识。在这一过程中,师范实习生的传统文化水平也会得到较大提升,从而提升他们的师德。

除了古诗词教学之外,在中小学课本中还存在着大量反映优秀传统文化的文学作品,这些作品从不同视角和不同方向体现出中华优秀传统文化的方方面面,对培养师范实习生和中小学生的传统文化精神,道德品质等起着不可忽视的重要作用。

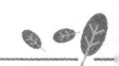

（二）选择适合中小学生阅读的优秀传统文化读物

师范实习生在中小学教学过程中除了依托中小学语文教材培养自身和中小学生的优秀传统文化和德育思想之外，还可借助大量适合中小学生不同年级阅读的优秀传统文化课外读物来培养自身和中小学生中华优秀传统文化修养。

我国的古典著作中包含着大量中华优秀传统文化和传统美德知识。例如，《诗经》《道德经》《大学》《中庸》《学记》《论语》《史记》等著作。在进行中小学生课外读物选择中，师范实习生可对这些作品中的相应章节进行选择，选择有利于培养学生良好品质和道德的文章，减少其中含有封建糟粕的章节。由于中小学生的学习自主性相对较低，师范实习生应主动引导学生加强对课外阅读材料的学习。具体来说，师范实习生可以通过安排课外作业或晨读的方式，让学生阅读这些中华传统经典著作；或者通过设立主题班会的形式，带领学生一起探索我国经典古籍中包含的中华传统美德，并引导学生围绕相应的主题展开讨论，以便加深学生的印象，激发学生对传统文化中的中华美德的学习兴趣，提高学生学习中华传统文化的积极性、主动性。除此之外，针对不同年级的学生，师范实习生还可通过专门的主题讲座形式、故事呈现形式、舞台剧形式等重新解读中华优秀传统美德。在这一过程中，师范实习生要想保证课堂效果以及学生的课外阅读效果，就必须对中华优秀传统文化的课外读物进行详细而深入的了解，并且对课程进行精心设计，只有这样，才能引导学生更好地学习传统文化课外读物。从这一视角来看，在中小学教学过程中，选择适合中小学生阅读的优秀传统文化教材不仅有利于提升中小学生学习传统文化的兴趣，激发中小学生的学习动力，同样还有利于全面提升师范实习生的中华优秀传统文化修养，提高师范实习生的道德素养的自觉性和觉悟性。

除以上两种形式之外，师范实习中还可通过编写中小学优秀传统文化读本的方式，为中小学生选择中华古典文学中蕴含着丰富的思想道德的知识读本。师范实习生在中小学进行传统文化教育时，如果没有适合的现成读本，可以自行编撰符合学生认知水平的中华优秀传统文化读物。在此过程中，师范实习生不仅需要对大量中华传统文化书籍进行阅读，还必须从中挑选出适合学生年龄阶段和认知水平的文章，这样不仅能够提升师范实习生的中华传统文化素养，还能激发师范实习生学习中华传统美德的积极性和主动性。

（三）将中华优秀传统文化融入中小学德育课程

学校作为传播知识和文化的重要场所，不仅承担着教授学生知识的重任，还肩负着弘扬文化，培育民族精神的重要使命。师范实习生在中小学实习时，为了提高他们的中华优秀传统文化素养，可将中华优秀传统文化融入中小学德育课程中。中小学德育课程主要以学生生活作为基础，将马克思主义、毛泽东思想、邓小平理论、"三个代表"重要思想、科学发展观，习近平新时代中国特色社会主义思想作为指导，以此培养中小学生的道德素养，以实现"立德树人"的目标。由此可见，德育教育在中小学教育中占有十分重要的地位。

在实习期间，师范实习生可通过担任中小学德育课程教师的方式，将中华优秀传统文化纳入中小学课程体系，在培养中小学生中华优秀传统文化和德育素养的同时，实现提升自身中华优秀传统文化和中华传统美德素养的目的。师范实习生还可以根据中小学生的年龄特点及认知方式的阶段性发展特点，通过创新德育教学方法的方式提升中小学生德育培养效果。

由于中小学生的年龄不同，中小学德育课程在不同阶段和不同年龄的开展方式也不同。例如，小学生的认知能力和接受能力均处于初期阶段，因此，小学生德育课程中融入中华优秀传统文化主要通过讲述德育故事的方式、诵读《三字经》《百家姓》《千字文》《千家诗》等经典篇章的形式，让小学生感受到原汁原味的中华优秀传统文化，在潜移默化中影响小学生的综合素养。中学生的认知能力和接受能力等均有了较大发展，因此中学德育课程中融入中华优秀传统文化则可通过诵读法、案例讲解、互动教育法、启发式教学方法等方式，通过选用《论语》《孟子》《唐诗》《老子》《庄子》《史记》等内容作为教学内容，使用其中的经典语句或篇章对学生进行启发。除此之外，在德育课程教学中，师范实习生还可将德育理论知识与德育实践知识结合起来。无论是小学德育课程还是中学德育课程的讲解，均需要师范实习生在教育教学中严格按照教学环节和步骤进行。通过备课、明确课堂教学目标、制作教案、列课堂教学规划、试讲、课堂教学、课后评价等步骤，逐步完成整个课程流程。在这一过程中，将中华优秀传统文化融入中小德育培养中，不仅可以提升中小学生的德育素质和中华优秀传统文化素养，还能够加强师范实习生对中华优秀传统文化知识的学习和理解，在潜移默化中增强师范生的中华优秀传统文化素养。

三、在校园活动中纳入中华优秀传统文化

中小学生每天在校时长较长，校园环境作为中小学生活动的主要场所，对中小学生起着极其重要的影响。校园环境由校园内部的物质环境和精神环境构成。所谓校园内部的物质环境是指学校的各种硬件，其中包括学校建筑物、学校路标、雕塑等。校园精神环境是指包括校园内部的宣传栏、标语、广播、校训、校规、校歌、学校口号等精神层面的内容。校园环境作为学生进行日常教学活动的主要场所，是一个学校开展文化教育的基础条件。

师范实习生作为未来教师，在实习期间担任任课教师或实习班主任期间，极易受到实习学校校园文化的影响。因此，构建充满中华民族传统文化要素的校园环境，不仅有利于培养中小学生的传统文化素养，还能够提升师范实习生的传统文化素养和中华美德精神。具体来说，构建充满传统文化氛围的校园环境需要从以下几个方面着手。

（一）加强学校硬件设备方面的传统文化知识氛围。

学校硬件设备包括教学楼的风格和命名、图书馆和校园雕塑。具体来说，为了营造传统文化的浓郁氛围，可以通过利用校园建筑或主题雕塑营造校园文化氛围来实现。

校园建筑物的建设方面可以采用新中式庭园风格，或融入我国传统元素风格的建筑，即将优秀的历史文化资源融入建筑和校园设计之中，通过各种风格的建筑和主题雕塑营造主题性强的校园文化。例如，校园雕塑可以选择孔子、老子等古代思想家和哲学家的雕塑，让校园师生看到这些雕像时就会想到这些教育家或思想家的富含着哲理和中华美德的格言，从而营造良好的校园传统文化氛围。又如，将校园内的建筑物以中华传统文化中的仁、义、礼、智、信等字眼命名，在校园中营造传统文化或中华美德的氛围，从而使校园内的师生受到传统文化的洗礼或熏陶。而师生们在谈论这些教学楼或建筑物的名字和标语时，也会受到潜移默化的影响。再如，校园中的雕塑可采用主题雕塑的形式展现中华文化和中华美德故事。校园中的雕塑可以为人物雕塑，将我国古代先贤的雕像作为校园的主要雕像。也可以将校园中的雕塑设计为展现中华美德故事的雕像。比如，阐释孝文化的雕像、阐释诚信文化的雕塑、阐释爱国主义的雕塑等。借助这些主题鲜明的雕塑既可向在校师生讲述中华传统优秀文化故事，

又可在校园内展现丰富多彩的中华传统文化，展现中华美德精神。通过校园景观建设和历史名人雕塑等充满浓郁的中华传统文化的特色校园景观，学校师生可以与传统优秀文化和中华美德进行零距离接触，增强其对中国古代先贤的景仰之情，从而促使其逐渐提升民族自尊和民族自信。

（二）加强学校软环境方面的传统文化知识氛围

学校软环境主要包括学校的经营理念、规章制度、教师教育方法、教师的人格特点和心理健康状况、校风和班风等。其中学校的经营理念和教学理念是学校软环境的重要组成部分，直接关系到学校的发展方向。如果学校的经营理念是以人为本，实施人文管理，对学校师生进行人文关怀，那么学校的校园氛围则相应地形成以人为本，充满人文关怀的氛围。学校的教学理念一般通过校训、校歌、学校口号等方式体现出来。例如，清华大学的校训即"自强不息、厚德载物"，这句话出自中华古代典籍《周易》，原句为"天行健，君子以自强不息；地势坤，君子以厚德载物"，体现出中华传统文化的博大精深。因此，将中华优秀传统文化融入校训、校歌和学校口号中，能够营造具有特色的校园文化，在潜移默化中对学生的综合素质产生影响。

校园中的标语、校园报刊亭、报刊栏、公告栏、校园广播等是构建校园软环境的主要途径，在校园标语、校报、校刊以及校园广播中增加优秀传统文化的内容能够营造浓郁的优秀传统文化氛围，使学校师生在不知不觉中受到中华优秀传统文化的影响和熏陶。

教师是学校的施者和教学主体，教师的整体素质不仅直接关系着教学质量的高低，还关系着校园氛围和校园环境建设。如果一所学校教师的整体传统文化素质较高，且较为重视中华优秀传统文化教育教学，在日常教学活动中增加中华优秀传统文化课程的比重，那么就可以在校园中营造独特的中华优秀传统文化氛围，从而在潜移默化中对学校师生的思想产生影响，成为学校弘扬中华传统美德，实现"立德树人"目标的主要途径。

除此之外，校园软环境还可以通过在校园中举行丰富多彩的校园主题活动来营造。例如，通过在校园中举办中华优秀传统美德知识竞赛、弘扬中华传统美德诗朗诵、中华优秀文化征文比赛、中华优秀传统文化作品选读、中华优秀传统文化辩论赛等活动，不仅能够充分锻炼学生的沟通能力、表达能力、交流能力、文学审美能力等多方面的素质和能力，还能够在校园中营造中华优秀文化氛围，从而丰富学校师生的中华传统文化知识，激发学生对中华优秀传统文化的兴趣，促进学生主动、积极地学习中华优秀传统文化等思想和行为。

综上所述，学校的软环境建设并非一朝一夕形成的，也并非通过某一个方面体现出来，而是遍布在校园内部的各个角落，通过长时间的建设才能形成的。校园软环境是校园文化的重要组成部分，也是校风的主要展现途径。校风一旦形成，就可在潜移默化中日积月累地对学生的身心发展产生深远的影响，从这一角度来看，校园软环境建设对学生的心理和行为的影响远远超过校园硬环境的影响。因此，在校园软环境中融入中华优秀传统文化不仅能够对校园师生的心理行为产生影响，还能对身处其中的师范实习生产生积极影响，有利于提升师范实习生的中华优秀传统文化素养，培养师范实习生的中华美德，实现"立德树人"的教育目标。

（三）开展特色优秀传统文化和师德实践教育活动

中小学生由于年龄偏低，其认识水平和接受水平正处于发展中，在中小学教育中，丰富多彩的校园活动和校外实践活动是丰富中小学生精神生活，提升中小学生综合素养的主要途径。对师范实习生来说，作为学校的实习教师可以直接参与到活动之中，从而达到提升其优秀传统文化和师德综合素养的目的。利用校园传统节日活动，可以增强师范生传统文化素养。

中华民族源远流长，在数千年的历史中形成了丰富的中华传统节日文化，这些中华传统节日文化不仅记录着中华民族丰富多彩的社会文化活动，还凝结着中华民族的普遍情感和信念。而学校作为育人的重要场所，是中华优秀传统文化的主要场所，可以充分利用我国传统节日，例如，春节、清明节、端午节、中秋节、重阳节等在校园内开展丰富多彩的中华优秀传统文化实践活动。这些我国传统节日是中华优秀传统文化的载体，其中蕴含着丰富的中华优秀传统文化。例如，春节是中华民族的传统节日，也是中华民族最为隆重和盛大的节日，其中蕴含着许多民间习俗和优秀文化。春节时晚辈给长辈拜年，即传播着中华传统文化中的"孝"思想。又如，重阳节又称敬老节，重阳节为每年农历九月初九，蕴含着"长久"之意，表达了中国人祈求老人长寿的含义，自古以来，重阳节就形成了敬老感恩的传统。再如，端午节是为了纪念爱国主义诗人屈原而设立的节日，蕴含着弘扬爱国主义精神的深刻寓意。因此，在这些中华民族传统节日来临之际，中小学校园内可以开展丰富多彩的校园活动，实习

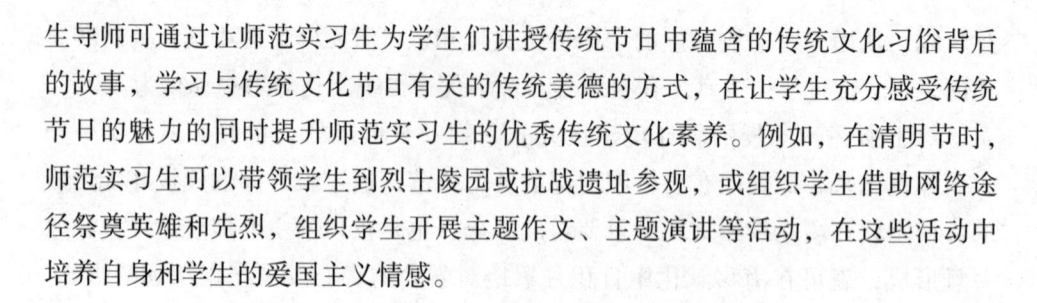

生导师可通过让师范实习生为学生们讲授传统节日中蕴含的传统文化习俗背后的故事，学习与传统文化节日有关的传统美德的方式，在让学生充分感受传统节日的魅力的同时提升师范实习生的优秀传统文化素养。例如，在清明节时，师范实习生可以带领学生到烈士陵园或抗战遗址参观，或组织学生借助网络途径祭奠英雄和先烈，组织学生开展主题作文、主题演讲等活动，在这些活动中培养自身和学生的爱国主义情感。

四、开展专门的师范实习教师优秀传统文化培训

师范实习生在实习期间，实习学校和实习导师可以通过培训的方式提升师范实习生的优秀传统文化素养。具体来说可从以下两个方面入手。

（一）将中华优秀传统文化纳入师范实习生的教研活动中

师范实习生在实习学校进行实习时，除了教学之外，还需要进行教研活动，在中小学语文、历史、政治、地理等学科教学中，实习导师可将中华优秀传统文化融入教研活动中。

中华优秀传统文化博大精深，将中华优秀传统文化融入学科教研活动中，有利于实习生直接将中华优秀传统文化作为教学目标，从而加强他们对中华优秀传统文化学习的动力，提升师范实习生学习中华优秀传统文化的实际效果。例如，语文学科作为中小学的基础学科，中小学语文教材中选取了多篇古代文化的经典名篇，这些作品中蕴含着丰富的中华优秀文化精髓和中华优秀传统美德，在师范实习生的教研活动中，可将中华优秀传统文化纳入教研活动，在语文教研活到中开展师范实习生中华优秀传统文化培训。例如，在进行诗词鉴赏等教研活动时，实习导师就可组织对语文学科师范实习生进行相应的中华优秀传统文化培训。这种培训与中小学语文教学紧密相连，作为中小学语文教学的组成部分出现，带有较强的随意性，培训时间、内容等均与所教研内容相关，连贯性相对较差，培训实效性较强，能够在短时间内提升实习教师某一方面的中华优秀传统文化素养。

（二）组织专门的师范实习生中华优秀传统文化培训活动

现阶段，一些中小学中已开始组织教师参加优秀传统文化培训活动，然而现阶段中小学的中华优秀传统文化培训活动的力度和覆盖面较小，参与教师相对较少。在未来，随着我国对优秀传统文化的重视程度越来越高，中华优秀传

统文化的培训力度、强度、频率和范围将逐渐增强。一般来说，中小学优秀传统文化培训的形式一般包括两种类型。一种类型是国学专家对中华优秀经典文学作品，如《论语》《孟子》等进行专题研究讲座。这种讲座培训能够系统对中华优秀经典文学进行讲解，深刻剖析其中蕴含的中华优秀传统文化。这种讲座培训看似与中小学教学的联系较小，然而却能够深入培养中小学教师的相关知识，便于中小学教师在教学实践过程中融会贯通，提升中小学教师的优秀传统文化素养。另一种类型是开展学科听评课。有的学校十分重视中华优秀传统文化的教学，在各个学科中纳入中华优秀传统文化，其他中小学教师可以通过听评课的形式学习该学校将具体学科与中华优秀传统文化相结合的方法。这种培训与教学活动直接相关，有利于提升中小学教师的教学水平和将优秀传统文化纳入学科教学的方法和技巧。

这些优秀传统文化培训活动的系统性和连贯性较强，无论是哪一种培训活动，都可组织师范实习生参与其中，从而对师范实习生进行专门优秀传统文化培训，较好地提升师范实习生优秀传统文化的整体素养。

第六章
师范教育实习中的社会主义法治教育

第六章 师范教育实习中的社会主义法治教育

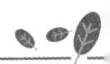

第一节 社会主义法治教育的发展及意义

法治是社会管理中的必要手段，也是建设一个健康的政府、促进社会健康发展的必要条件。法律的权威源自人民的内心拥护和真诚信仰。学校作为人才培养的主要阵地，教师作为传授知识，实施"立德树人"的主导者，在社会主义法治教育中起着极其重要的作用。而在培养学生的思想道德素养的同时，强化社会主义法治观念和精神，实现法德兼修，崇德向善是完成"立德树人"任务的重要路径。本节主要对社会主义法治教育的内涵、社会主义法治教育的进程、社会主义法治教育的意义等方面进行详细阐释。

一、社会主义法治教育概述

社会主义法治教育是我国"立德树人"整体系统中的重要组成部分，中国特色社会主义法治教育的内涵是建立在中国特色社会主义法治理论的内涵之上的。中国特色社会主义法治理论是中国人民在实现民族独立的革命历程中，在社会主义建设的过程中不断探索出来的。

（一）社会主义法治理念的内涵

法治这一概念是随着人类社会生产力的发展和提高而逐渐产生的。在西方社会中，最早提出法治概念的是古希腊思想家和哲学家亚里士多德，亚里士多德在其著作《政治学》中对法治和人治孰优孰劣进行了辩论，并且提出了"法治应当优于一人之治"的观点。在亚里士多德法治思想的影响下，西方社会逐渐形成了资本主义的法治理念体系。我国最早将法治思想与治国理念结合在一起的是法家思想家代表商鞅和韩非子。纵观我国数千年的历史，德治与法治治国方略思想一直存在，两者相互影响，互有差异。其中，以德治国的思想是由儒家文化提出的，而以法治国的思想则是由法家文化提出的。以德治国的思想崇尚通过有德行的君主施以仁政治理国家，其本质属于一人之治。而以法治国的思想则主张通过朝廷制定的完善的法律法规体系对社会进行管理，封建社会的以法治国的思想是为君主服务的。两者之间存在诸多不同。

所谓法治是指严格依据法律治理国家的一种政治思想。[①] 中国特色社会主义法治理念是在以人民为服务对象，立足于当前我国基本国情的基础上，为了推动社会主义市场经济的健康发展，为了维护人民民主专政的国体和促进政府的转型，为了保障社会主义文化大发展、大繁荣，为了构建社会主义和谐社会，为了建设社会主义生态文明，进而不断创新和发展的法治理论。[②] 中国特色社会主义法治理论的内涵主要包括以下几个方面。

1. **中国特色社会主义法治理论的科学定位**

中国特色社会主义法治理论的科学定位可以从以下两个方面进行理解。

一方面，实施和贯彻中国特色社会主义法治理论是中国特色社会主义法治道路的核心要义。中国特色社会主义法治道路是中华人民共和国成立以来，中国共产党经过数十年的治国理政实践经验而得出的具体成果，也是确保中国社会主义各项建设事业持续稳定发展的制度保障。坚持走中国特色社会主义法治道路必须以社会主义法治理论体系的完善为基础。

另一方面，中国特色社会主义法治理论是中国特色社会主义理论体系的重要构成要素。中华人民共和国成立后，党带领各族人民在建设社会主义国家的过程中围绕着什么是社会主义、怎样建设社会主义展开了积极探索与阐释。改革开放以来，中国人民在中国共产党的带领下运用马克思主义基本原理，结合中国实际国情，不断探索国家建设的具体方针和道路，逐渐形成了适用于中国具体国情的中国特色社会主义理论体系。中国特色社会主义法治理论是中国特色社会主义理论体系的重要组成部分，是确保中国社会稳定、有序、健康发展的重要环节，在中国特色社会主义理论体系处于十分重要的地位。

2. **中国特色社会主义法治理论的指导思想**

中国特色社会主义法治理论的指导思想首先为马克思主义，马克思主义是中国共产党领导人民实现民族解放和民族独立过程中的主要思想，也是中华人民共和国成立后，探索社会主义建设道路的主要指导思想。在中国特色社会主义法治理论的建设中，中国共产党所领导的中国人民并非机械地照抄和照搬马克思主义思想，而是将马克思主义思想与中国具体国情相结合，在坚持马克思

---

① 张霖. 中国特色社会主义法治理论及其教育研究 [D]. 武汉：华中师范大学，2016: 13.
② 张霖. 中国特色社会主义法治理论及其教育研究 [D]. 武汉：华中师范大学，2016: 28.

主义基本理论的基础上，创造性地发展和完善了马克思主义，从而实现了马克思主义的中国化。马克思主义中国化两大理论成果主要包含毛泽东思想和中国特色社会主义理论体系。从这一视角来看，中国化的马克思主义也是中国特色社会主义法治理论的指导思想。

马克思主义和中国化的马克思主义在指导中国特色社会主义法治理论建设的过程中，一方面，确立了中国特色社会主义法治理论的政治立场、阶级立场和价值归宿、意识形态属性和发展方向；另一方面，引导中国特色社会主义法治理论在发展过程中积极借鉴全世界范围内优秀的法治思想和法治精神，并将其与中国实际国情结合起来，进行了中国化创造和发展，从而为中国特色社会主义理论的发展奠定了基础，成为中国特色社会主义理论发展的重要组成部分。

3. 中国特色社会主义法治理论的目标

中国特色社会主义法治理论的总目标是建设中国特色社会主义法治体系，建设社会主义法治国家。这一清晰的中国特色社会主义法治理论目标的提出为中国的特色社会主义法治理论的发展和创新指明了方向。中国特色社会主义法治理论的发展是中国特色社会主义建设事业中的重要环节，也是促进中国国家治理体系和治理能力现代化的重要组成部分。

4. 中国特色社会主义法治理论的原则

任何理论的发展均需要有相应的原则进行约束，中国特色社会主义法治理论的发展与完善也不例外。中国特色社会主义法治理论的原则主要包括以下几个方面。

其一，坚持中国共产党的领导的原则。在近代中国历史上，由于西方列强的侵略，中国人民为了谋求民族独立和解放，积极探索适合中国的建设道路。事实证明，只有代表无产阶级的中国共产党能够带领全国人民实现民族独立和解放的理想。中华人民共和国成立后，中国共产党带领中国人民一路披荆斩棘，历经艰苦，才建成了稳定、有序的社会主义国家。因此，坚持中国共产党的领导是社会主义法治理论实施的基础和前提。

其二，坚持人民当家做主的原则。中国是人民民主专政国家，中国社会主义建设离不开坚实的群众基础，只有坚持人民当家作主，才能实现中国特色社会主义立党为公和执政为民的执政理念，才能切实维护广大人民群众的基本利益,才能为广大人民群众参与到社会主义国家政治生活和社会主义法治建设中来奠定基础。

其三,坚持依法治国原则。改革开放以来,中国特色社会主义建设取得了突飞猛进的发展,这是中华民族伟大复兴的中国梦的发展基础。为了确保中华民族伟大复兴的中国梦的顺利实现,也为了切实维护中国最广大人民的基本利益,中国特色社会主义法治理论建设必须坚持依法治国,以确保中国特色社会主义法治理论的具体实施,从而实现中国特色社会主义法治理论的时代创新。

(二)社会主义法治教育的内涵

社会主义法治教育高举中国特色社会主义伟大旗帜,以邓小平理论、"三个代表"重要思想、科学发展观为指导,深入贯彻习近平新时代中国特色社会主义思想,全面贯彻党的教育方针,以宪法教育为核心,把法治教育融入学校教育的各个阶段,全面提高青少年法治观念和法律意识,使遵法、学法、守法、用法成为青少年的共同追求和自觉行动。[①]社会主义法治教育是一个系统工程,不仅包括社会主义法治教育的学校教育,同时还需要广大家庭与社会及学校之间形成合力,只有这样,才能共同培育青少年的社会主义法治教育思想和理念。

在这里,应当注意"法治"与"法制"两个概念之间的区别,以及"法治教育"和"法制教育"两个概念之间的区别。

"法治"与"法制"两个概念之间既相互联系,又相互区别。其中,法制是法律制度的简称,该词属于制度范畴,而"法治"一词则重在强调治理,以对人民的权利进行保障,对权力进行制约。但两者之间还存在一定的联系,其中法制是法治的基础和前提,法治的实现必须以完善的法制为基础;与此同时,法治也是法制的立足点和归宿,法制的目标就是为了实现法治。明确了这两个概念之后,再来看法治教育和法制教育两者之间的关系。法制教育是法治是教育的基础,从法制教育走向法治教育符合社会主义法治建设的内在逻辑。

[①] 刘海燕.中小学教师"立德树人"教育行动指南[M].长春:东北师范大学出版社,2017:94.

二、社会主义法治教育的进程

中国特色社会主义法治教育经历了从法制教育到法治教育的管理的过程。中国法治教育根据年龄不同，大体可划分为中小学社会主义法治教育和师范院校社会主义法治教育两种类型。

中小学社会主义法治教育的发展可追溯至20世纪80年代。1985年，中共中央下发了《关于改革各级学校思想品德和政治理论课教学的通知》，该通知中指出，在小学实行法律常识在内的社会常识和社会公德教育。1986年，中国开始进行全国普法教育活动。1995年，原国家教委联合中央社会治安综合管理委员会办公室和司法部共同印发了《关于加强学校法制教育的意见》，其中明确了中小学学习法律和法规内容，并且明确了中小学法治教育途径，即借助中小学思想品德课程和社会课程对中小学生进行法治教育。此外，在中小学语文、历史、地理、社会等学科中也要渗透社会主义法治教育内容。进入21世纪后，我国进一步加强了中小学社会主义法治教育。2002年，教育部和司法部联合下发了《关于加强青少年学生法制教育工作的若干意见》，其中明确提出了逐步将法制教育纳入教学大纲和教学计划，要求进一步形成从小学至大学的社会主义法治教育体系。2007年，《中小学法制教育指导纲要》出台，进一步提出在结合中小学生实际生活和成长的特点的基础上，不断提高中小学生的法律素养，以便将中小学生培养成为有理想、有道德、有文化、有纪律的社会主义建设者和接班人。2011—2013年，教育部相继印发了《全国教育系统开展法制宣传教育的第六个五年规划（2011—2015年）》《全面推进依法治校实施纲要》《关于进一步加强青少年学生法制教育的若干意见》等文件，进一步完善了中小学社会主义法治教育体系和法治教育途径。2016年，教育部和司法部联合全国普法办共同印发了《青少年法治教育大纲》，进一步强调学校、家庭与社会共同构建青少年法治教育新格局。2017年，《国家教育事业发展"十三五"规划》进一步强调了依法治教的重要性。2021年，《中华人民共和国国民经济和社会发展第十四个五年规划和2035年远景目标纲要》中提出进一步强调了加强社会主义法治宣传教育，深入实施普法规划，建立完善的公共法律服务体系、法律援助和国家司法救助制度。

我国高等教育的法治教育主要指对师范院校大学生的法治思维培养。我国师范院校法治教育长期以来多通过思想政治理论教育课程来实现。1985年11月，中央宣传部、司法部《关于向全体公民基本普及法律常识的五年规划》出台并被党中央和国务院批转，从此我国的法律普及教育正式开启。在师范院校中，大学生们被要求学习法学基础理论和与本专业相关的法律知识。1987年，国家教育委员会出台《关于高等学校思想教育课程建设的意见》，这一文件中指出，普通师范院校应开设法律基础课程，并将这门课程定性为一门独立设置的思想教育必修课。从此开始，直到2005年，我国师范院校的法治教育通过这门课程进行法律普及。2005年2月，中共中央宣传部和教育部共同颁布了《关于进一步加强和改进高等学校思想政治理论课的意见》，在这一文件中提出了将原有的思想道德修养和法律基础课程，整合为思想道德修养与法律基础课程，同时将这门课程并入我国师范院校思想政治理论课程体系，从此师范院校思想政治理论课程体系成为我国师范院校开展法治教育的重要途径。2013年6月，我国出台了《关于进一步加强青少年学生法制教育的若干意见》，这一文件指出要将法制教育纳入学校总体教育计划，并重点强调要重视好思想道德修养和法律基础课程，在课程之外，还要积极通过法治讨论、入学教育、主题班会、法律选修课程等多种途径开展法制教育活动。2016年6月，我国《青少年法治教育大纲》出台，其中规定，在高等教育阶段，要将法治教育纳入通识教育的范畴，开设法治基础课程以及其他相关课程作为公共必修课。在该大纲中，还鼓励具备条件的地方、学校根据要求编写法治教育教材并开展多种形式的法治教育课程。当前，随着我国依法治国政策的推进，我国高等教育加大了对师范院校大学生知法、懂法、尊法的程度与守法、用法等能力的培养，并将法治教育作为培养师范院校大学生价值观和信仰的重要组成部分。此外，随着我国依法治国方针和政策的推进，我国师范院校大学生的法治素养也逐渐提高，大学生参与维权实践积极性提高，守法用法意识增强。近年来，随着第三次科技革命的到来以及互联网信息技术的普及，我国师范院校的传统法治教育方式进行了变革，法治教育途径呈现出多样化发展的趋势。除传统的思想道德修养与法律基础外，法治教育授课平台呈现出现人工智能、万物互联的趋势；各师范院校还充分利用互联网平台开启线上线下法制宣传活动，极大地提升了法治教育实效，增强了法治教育的便利性。另外，随着我国师范院校教师法治教育与法治人才培养机制的逐渐形成，有效提高了我国师范院校管理者的法治思维和法治能力,培养了一支师范院校法治人才队伍。

三、社会主义法治教育的意义

青少年是祖国的未来,肩负着实现中华民族伟大复兴的重任。青少年的法治教育直接关系到我国依法治国,建设社会主义法治国家的进程。社会主义法治教育的意义可以从国家层面、社会层面和自身层面进行理解。

(一)社会主义法治教育的国家层面意义

从社会主义法治教育的国家层面意义来看,其意义包括三个方面。

1. 社会主义法治教育是实现"立德树人"任务的必由之路

依法治国政策的实行目的是实现中华民族的伟大复兴和中华民族的长远发展。只有建立起完善的中国特色社会主义法治体系,才能确保中国特色社会主义的长远发展。而构建社会主义法治教育体系需要对中国国民进行社会主义法治教育,而对青少年进行行之有效的法治教育是建设中国特色社会主义法治国家、法治政府和法治社会的基础,也是落实"立德树人"目标的必要途径。从这一视角来看,社会主义法治教育是建设法治国家,完成"立德树人"任务的必由之路。

2. 社会主义法治教育是实现依法治国方略的必由之路

中国特色社会主义法治理论是中国数代中国共产党人集体智慧的结晶,也是党中央在结合马克思主义和中国实际国情的基础上探索出来的适合现阶段中国发展的治国理政新思想、新理念。而全面推进依法治国理念,实现依法治国方略必须建立在全体国民的法治观念增强的基础之上。因此,社会主义法治教育必须从小抓起,并且将社会主义法治教育纳入国民教育体系和精神文明的体系之中,以便推动社会主义法治教育的全面发展。唯其如此,才能推动依法治国方略的发展。

3. 社会主义法治教育是确保社会主义市场经济健康稳定运行的基础

改革开放以来,我国以经济建设为中心,大力推动经济体系改革,现已初步建立了社会主义市场经济体系,为推动我国经济的良性可持续发展奠定了基础。经济的深化改革和持续健康发展离不开法律制度的保障。当前,随着我国社会主义市场经济体系的发展,为了适应经济全球化发展的大趋势,实现全面发展,必须建立起相应的配套法律保障体系,以便确保中国在国际化浪潮中立于不败之地。而中国特色社会主义市场经济的发展离不开法治社会的建设，而社会主义法治社会的建立必须以社会主义法治教育作为基础保障。从这一视角来看，只有不断加强和完善社会主义法治建设，加强社会主义法治教育，才能确保中国特色社会主义市场经济的健康稳定运行。

（二）社会主义法治教育的社会层面意义

法律和法规等制度建设是社会有序稳定发展的基础，也是建设社会主义和谐社会的基本要求。社会主义和谐社会与中国特色社会主义法治体系之间存在着十分紧密的关系。一方面，社会主义民主法治理论是中国特色社会主义和谐社会建设的基础；另一方面，实现中国特色社会主义，必须实行依法治国的方略，确保社会法制的公开、公正、公平。而中国特色社会主义法治体系的建立离不开中国特色社会主义法治教育的实践。从这一视角来看，中国特色社会主义和谐社会的建立与中国特色社会主义法治教育实践之间存在着必然的紧密联系。

青少年作为未来中国社会的主要建设者和国民构成的主要部分，是构建社会主义和谐社会的中流砥柱。青少年作为未来社会主义和谐社会的重要建设力量，其法治素养直接关系到未来中国和谐社会的建设水平。青少年的心理和价值观还未完全发展成熟，极易受到不良价值观的影响，如果不对青少年进行良好的法治教育，青少年在不知法、不守法的情况下极易出现各种违法行为，不利于青少年的健康发展与和谐社会的构建。因此，从社会主义法治教育的社会层面来看，只有进行社会主义法治教育，培养青少年知法、守法、用法，才能够规范青少年的行为，遏制青少年犯罪行为，保障青少年远离违法犯罪行为，为社会的长远发展和稳定发展奠定基础。

（三）社会主义法治教育的个人层面意义

从个人层面来说，中国特色社会主义法治教育是中国公民全面发展的现实需求。现阶段，我国社会正处于社会主义的初级发展阶段，为了实现中华民族伟大复兴的中国梦，每位公民都必须具备较多的法律知识。改革开放以来，随着我国社会经济的发展，我国社会公民的综合素质逐渐提升。从法律知识和法治意识的发展来看，随着中国特色社会主义法治体系的构建，我国公民的法治意识已经有了显著提升，许多公民在现实生活中已具备了运用法律知识和法律手段维护自身合法权益、履行应尽义务的能力。然而从整体上来看，我国公民的法律知识和法治意识仍然存在一定程度的欠缺，主要表现在以下几方面：青少年教育中存在重通用知识和专业技术教育而轻法律素养的现象；社会上仍然存在大量公民法律知识匮乏，法治意识淡薄，社会上各种违法现象层出不穷。除此之外，受互联网信息技术发展的影响，各种社会潮流，如享乐主义、自由主义、消费主义等纷纷涌入我国，冲击着我国社会公民的价值观，这些不良社会思潮极易引发不道德行为，甚至产生违法犯罪现象。

面对这种社会发展现状，只有不断加强全体社会公民的法治理念教育和法律信仰培育，才能实现中国特色社会主义道路，才能减少社会上的各种不良现象的发生。而社会公民法治理念教育和法律信仰培育的重中之重是青少年的社会主义法治教育。只有加强青少年法治教育，才能提高青少年的法律知识和法治素养，使青少年走上社会之后，知法、守法、用法，能够使用法律武器武装自己，保护自己。除此之外，青少年学习法律知识，增强法律素养后，除维护自身的合法权益之外，还能够为推动中国特色社会主义法治建设贡献力量。

四、社会主义法治教育的实践途径

社会主义法治教育作为"立德树人"教育理念的重要组成部分，是实现"立德树人"目标的途径之一。在青少年教育中，实行社会主义法治教育，培养青少年的社会主义法律知识和法治意识，可通过以下途径实现。

（一）实行知行统一的社会主义法治教育理念

青少年社会主义法治教育是一项系统的教育工程，一方面应当加强青少年的社会主义法律知识和法律制度学习，另一方面则应重视培养青少年的社会主义法治思维和法治行为训练。

1. 加强青少年社会主义法律知识和法律制度学习

青少年的社会主义法律知识和法律制度学习是指青少年通过专门的法律课程或法律知识读本，加强社会主义法律知识和法律制度的学习，进行有重点、有针对性的知识学习。在青少年社会主义法律知识和法律制度学习中纳入依法治国体系，可以为培育青少年的法治思维奠定基础。

2. 重视培养青少年的社会主义法治思维

青少年法律知识和法律制度的学习的目的是培养青少年的法治思维，只有形成和树立法治思维，青少年才能真正将所学的法律知识和法律制度转化为内在的法治观念，才能真正做到知法、守法、用法、护法。

（二）加强青少年社会主义法治教育方法创新

青少年社会主义法治教育机制的建立强调创新灵活和多样化的法治教育模式；遵循科学性、层次性的法治教育规律；构建互动性和参与性强的法治教育师生关系。

传统的青少年社会主义法治教育多采用知识灌输式的教育方式，以课堂教学为主，而且课堂习得的方式是青少年系统掌握法律知识和法律制度的主要途径，也是最重要的途径。然而，近年来随着互联网信息技术的发展，青少年获得知识的途径越来越广泛，青少年的个性也越来越突出。在这种状况下，单纯依靠知识灌输式的教育方式很难提升青少年法治教育的成效。因此，在青少年法治教育中，应在保留专门法律课程的同时，还应在其他学科，例如，历史课、政治课、语文课等科目中加入法治教育课程，以扩大法治教学的范围。与此同时，在青少年社会主义法治教育中还应对教学方法进行革新。在过去，教师多采用照本宣科的方式，将教科书的知识全部灌输给学生，而不管学生是否理解与接受。这种教学方式的教学效果往往较差，易引发学生的厌学情绪。因此，在青少年法律知识教育中，教师应从学生的兴趣出发，采用灵活、多变、创新的教育模式，从而增强学生的学习兴趣，使学生能够在愉悦的氛围中接受知识，提高学生的法律知识学习效果。

（三）构建社会主义新型高素质法治教育团队

任何一门学科的学习都涉及教师和学生两个主体，其中，教师在学科教学中起着十分重要的作用。青少年法治教育也不例外，因此在青少年法治教育中应提高教师团体的整体素质，构建社会主义新型高素质法治教育团队。构建社会主义新型高素质法治教育团队主要包括两个方面，即加强师风和师德建设和提升教师的法治知识素养。

一方面，加强师风和师德建设。在青少年法治教育活动中，构建高素质法治教育团队的首要条件在于提升教师的师风和师德建设。法治教育作为"立德树人"的重要组成部分，在"立德树人"目标的实现中起着举足轻重的作用。法治教育教师首先应具备良好的师风和师德，使自己能够在法治教学中为学生树立学习模样，能够在潜移默化中对学生产生积极和健康的影响，从而达到提升青少年法治教育成效的目的。

另一方面，提升教师的法治知识素养。教师是一个学校的立教之本和兴教之源，需要对学生进行传道、授业和解惑。在青少年的法治教育中应加强教师的法治知识素养，只有不断提升教师的法治专业素养，才能保证学校法治教育队伍的正规化和专业化。对此，学校可以为教师提供各种法律知识教育的培训机会，从而加强法律教师的法律知识素养。而法律教师也可借助学校或社会上提供的种种平台，对自身知识进行查漏补缺，加强法律知识学习，提高法律素养。

（四）构建多面式的社会主义法治教育平台

社会主义法治教育不同于专业知识的教育，很难通过单一的课堂教学实现教学目标，提高教学效果。除此之外，还需构建多面式的社会主义法治教育平台。具体来说，社会主义法治教育应搭建课堂教育平台、社会实践平台、家庭教育平台三大平台。

课堂教育平台是社会主义法治教育的主要平台，在社会主义法治教育中起着不可替代的作用。因此，学校必须高度重视课堂教育平台，在学校教育中坚持依法治校的理念，为学生创建良好的法治教育环境，从而不断提升课堂法治教育成效。

家庭作为社会公民教育的基础环境，在青少年法治教育中起着长期而深远的影响。如果青少年所在的家庭只重视青少年知识学习而不重视法治教育导致青少年家庭法治教育缺失，那么将会造成青少年对法治教育的不重视、不在乎甚至排斥心理，不利于青少年法治知识的学习。因此，在青少年家庭教育中，应重视青少年的法治教育，与学校法治教育形成合力，从而不断提升青少年法治学习的成效。此外，在青少年家庭教育中，家长应提升自身的法律知识和法律素养，在处理家庭矛盾和社会问题时，为孩子树立良好的榜样，对青少年产生长期正面的和积极的影响。一旦青少年出现不道德行为，家长应对青少年进行及时引导，对青少年日常行为进行监督、纠正和引导。

每个人都生活在社会中，青少年也是如此。青少年的行为活动与社会环境之间存在着密不可分的联系。因此，在青少年法治教育中应重视社会对青少年的影响。具体来说，应鼓励社会相关团体从法律法规制度出发，为青少年打造良好的社会法治环境。此外，在青少年法治教育中可以借助社会特殊纪念日、节假日等活动，开展各种各样、面向不同社会人群的全民法治宣传教育活动，在社会上营造自觉学法、守法和护法的社会氛围。可以通过科学立法，完善法律体系；通过严格执法，树立法治权威；通过公正司法，提高司法公信力等，在社会上营造良好的法治环境氛围，使社会法治教育平台与学校法治教育平台和家庭法治教育平台相结合，不断营造良好的法治教育环境，从而达到提升青少年社会主义法治教育的目的。

第二节　师范教育实习中加强社会主义法治教育的方法

师范教育作为培养未来教师的教育，直接关系着未来教师团体整体素养。在师范教育实习中，加强社会主义法治教育能够提升师范生的整体德育水平，实现"立德树人"的目标。本节主要从熟悉法治教育的内容、了解法治教育的目标以及实现师范生法治教育的途径进行详细阐释。

一、熟悉法治教育的内容

师范生作为未来的教师，必须对中国特色社会主义法治理论、教育行政法律制度、学校管理法律制度、教师相关法律制度、学生相关法律制度，以及学校安全法律制度和教育权利救济制度等内容进行学习和掌握，唯其如此，才能确保师范生在走上教师工作岗位上成为一名知法、守法、用法的新时代教师。由于上节中已对中国特色社会主义法治理论进行了详细阐释，在此不再赘述，这里仅对教育行政法律制度、学校管理法律制度、教师相关法律制度、学生相关法律制度，以及学校安全法律制度和教育权利救济制度等法律内容进行解读。

（一）教育行政法律法规

教育行政法律制度是伴随着公共教育制度的建立而出现的，其实质是国家教育行政部门对教育相关机构的制约规范与约束。教育行政法律法规是我国教育法律体系中的重要组成部分。教育行政法律法规的行政主体为教育行政部门。师范生作为未来教师群体，是学校教育的重要主体，而学校受当地和国家教育行政管理部门的管理和约束，并对教师的行为进行监督、奖励和处罚。因此，师范生应了解和掌握相应的教育行政法律制度。

教育行政部门是指按照有关法律法规和法定程序设立的主管教育事务的国家行政机关。教育行政部门一般具有教育行政创制权、教育行政决定权、教育行政执法权、教育行政监督权等。在行使权力时，教育行政部门应依照相应的法律和法规进行。中华人民共和国成立以来，随着我国教育行政法律体系的建立和完善，我国教育行政执法已成为教育行政机关实施教育行政行为的主要形式和手段。教育行政管理部门作为教育行政执法部门的主体，在进行教育行政执法时，应遵循责任行政原则、合法性原则、合理性原则、公开性原则，以确保教育行政执法有据可依、公开透明。教育行政执法是贯彻我国依法治教的重要途径，也是促使我国依法治教得以顺利实施的关键环节，因此教育行政部门应严格履行教育行政主体的职责，依法管理教育事业。教育行政部门行政执法的内容主要包括教育行政许可、教育行政奖励、教育行政处罚、教育行政给付、教育行政合同、教育行政裁决、教育行政监察等。教育行政执法与教师权益的保障息息相关，例如，教育行政奖励中包括对教师和教育工作者的行政奖励、授予教师特级教师称号的奖励、对教师教学成果的奖励等。因此，在师范生法治教育中应将教育行政法律法规纳入其中，确保师范生明确教育行政部门的职责，掌握相关法律法规知识。

（二）学校管理制度

学校是教育活动开展和教师工作的主要场所。学校作为基层教育组织，既享有一定的法律权利，又承担一定的法律责任。学校作为独立法人，是权利与责任的统一体，是依法成立的、有一定的财产和经费，有明确的名称、组织机构和场所，能够独立承担法律责任的主体，因此学校具有法人的法律地位。在实际教育管理中，学校会授权相应的法定代表人进行日常行政管理。学校作为教育教学活动的主体，在教学活动中拥有按照学校章程进行自主管理、组织实施教育教学活动、招收学生或其他受教育者、对受教育者进行学籍管理，实施奖励或处分，对受教育者颁发相应的学业证书、聘任教师及其他职工、实施奖励或处分；管理和使用本单位的设施和经费；拒绝任何组织和个人对教育教学活动的非法干涉；以及法律和法规规定的其他权利。除了相应的法律权利之外，学校还须承担遵纪守法的义务、贯彻方针的义务、维护权益的义务、知情保障的义务、合理收费的义务、接受监督的义务等。其中，学校章程作为学校的主要规章制度，对教师和学生起着较强的约束作用。教师作为学校的一员，应对学校的章程进行学习，了解哪些行为可为，哪些行为不可为，一旦违反相应的学校章程会对教师自身产生什么影响。除此之外，教师作为教育的主体，不仅应当对学生进行知识教育和道德教育，还承担着对学生的行为进行监督的重要责任。而学校章程不仅能对教师的行为进行约束，还能对学生的行为进行约束，因此教师在教学管理中还要以学校章程作为依据和准则对学生的日常行为进行监督、引导和规范。从这一视角来看，学校管理法律制度不仅关系到教师的日常行为规范，还是教师对学生的管理规范依据，是教师应掌握的法律法规之一，也是师范生应掌握的相关制度。

（三）教师相关法律法规

教师作为教育行为的实施主体，其行为受相关法律法规的影响与制约。我国教师基本制度由教师资格制度、教师职务制度、教师聘任制度等构成。

教师资格制度是指国家对教师实行的一种特定的职业许可制度，该制度的制定依据为《中华人民共和国教师法》《教师资格条例》以及《〈教师资格条例〉实施办法》等。只有取得教师资格的师范生，才能成为一名合格的教师。我国教师资格制度建立较晚，直到20世纪90年代才开始初步建立起教师资格制度。1993年10月31日，第八届全国人民代表大会常务委员会第四次会议通过的《中华人民共和国教师法》，其中明确规定了我国实行教师资格制度，并对教师资格标准和条件、申请认定程序、教师资格考试等做出了规定，并授权国务院及其教育行政部门制定了相关的实施办法。1995年《中华人民共和国教育法》颁布，其中规定："国家实行教师资格、职务、聘任制度，通过考核、奖励、培养和培训，提高教师素质，加强教师队伍建设。"[1]2021年4月29日，第十三届全国人民代表大会常务委员会第二十八次会议通过了对《中华人民共和国教育法》修改的决定。最新修改的教育法自2021年4月30日起施行。1995年12月，国务院颁布了《教师资格条例》，不久国务院颁布了《〈教师资格条例〉实施办法》对我国各级各类教师资格的认证进行了详细说明。1996年1月，国家教育委员会下发了《教师资格认定的过渡办法》对我国原有教师的资格认定进行了

---

[1] 中华人民共和国教育法[EB/OL].(2021-4-29)[2021-09-01]http://www.moe.gov.cn/jyb_xxgk/xxgk_jyfl/flfg_jyfl/202107/t20210730_547843.html.

详细规定，2000年9月23日，教育部发布了面向社会认定教师资格的操作性规定——《〈教师资格条例〉实施办法》，标志着我国教师资格制度进入全面实施阶段。根据任教学校的不同，教师资格可划分为幼儿园教师资格、小学教师资格、初级中学教师资格、高级中学教师资格、中等职业学校教师资格、中等职业学校实习指导教师资格、高等学校教师资格。师范生毕业后取得相应的教师资格后，可以在相应的学校担任教师工作。在任教过程中，教师一旦出现了弄虚作假骗取教师资格的行为，以及品行不良，出现侮辱学生行为且造成恶劣影响时，教育主管部门可以根据相关法律法规撤销相关教师的教师资格。

教师职务管理制度以《中华人民共和国教师法》作为法律依据。教师职务是学校根据教学需要、科研工作等对教师的具体职务安排，每一职务都具有明确的岗位职责、任职条件和任期。当前我国中小学的技术工作岗位一般划分为正高级教师、高级教师、一级教师、二级教师、三级教师等。高等学校的教师工作岗位则划分为教授、副教授、讲师、助教。

教师职称是反映教师业务能力、知识水平和工作成就的称号。我国教师职称制度起源于中华人民共和国成立初期，1950年6月，我国第一次全国高等教育大会召开，会上除对我国高等学校的宗旨、学制进行规定外，还对我国的教师职级进行了详细规定。1960年国务院颁布的《关于高等学校教师职务名称及其确定与提升办法的暂行规定》在一定的时期内促进了我国教师队伍的建设。1982年，教育部印发了《关于当前执行国务院关于高等学校教师职务名称及其确定与提升办法的暂行规定的实施意见》，推动了我国教师职称评定制度的快速发展。2017年1月，中共中央办公厅、国务院办公厅印发《关于深化职称制度改革的意见》，提出了改进职称管理服务方式要"下放职称评审权限"，对我国教师职称制度进行了改革。教师职称制度是学校对教师的教学、薪酬福利等的管理依据，在教师管理中起着十分重要的作用。教师聘任制度以《中华人民共和国教师法》作为法律依据，师范生从师范院校毕业并取得教师资格证后，可到相应的学校或其他教育机构进行应聘。学校对教师的聘任应遵循双方地位平等原则，由学校和教师签订聘任合同，明确双方权利与义务、责任。

教师职业理想的树立与教师职业性质密切相关。教师职业道德法律规定以《中华人民共和国教师法》作为法律依据。《中华人民共和国教师法》中对的教师的权利与义务进行了明确规定，其中包括教师职业理想、教师职业道德、教师职业技能、教师职业纪律、教师资格等相关内容。这些法律规定为教师的工作指明了方向,因此是所有教师以及未来教师必须了解和掌握的法律法规。

根据以上教师相关法律法规可知,教师享有一定的权利和义务,师范生作为未来的教师,应学习和掌握相关教师法律法规,切实做到学法、知法、守法、用法和护法。

(四) 学生相关法律法规

学生作为学校中受教育的主体,在学校教育教学工作中处于中心地位,如果一个学校没有学生,那么整个学校、教师以及教育机构都将失去意义。学生在学校中接受教育时,其行为受相关法律的保护和约束。

首先,学生作为一名受教育者,是我国国家的公民,因此应当获得国家赋予公民的一般性权利。例如,参加教育教学活动的权利、获得学业资助权的权利、获得公正的评价权利;申诉与诉讼人的权利;除此之外,学生还享有法律规定的其他权利。

其次,年龄在18周岁以下的学校学生受《中华人民共和国未成年人保护法》的保护,学校作为给学生提供教育环境的地方,应该根据相关法律规定,对未成年人的人身和心理进行保护,防止出现伤害未成年人的事件,同时为学生提供适合身心发展的环境。

最后,在承担权利的同时,学生还应履行相应的义务,包括遵纪守法的义务、养成良好品德的义务、努力学习的义务,以及其他法律规定的相关义务。未成年人由于心智还未完全成熟,极易受到外界的不良影响,引发学生的不良行为,甚至违法犯罪行为。根据《中华人民共和国预防未成年人犯罪法》规定,学生的一般性不良行为包括吸烟、饮酒;多次旷课、逃学;无故夜不归宿、离家出走;沉迷网络以至于影响正常学习和生活;与社会上具有不良习性的人交往,组织或者参加实施不良行为的团伙;进入法律、法规规定未成年人不宜进入的场所;参与赌博或者变相赌博,或者参加封建迷信等不良活动;观看、收听含有色情、淫秽、暴力、恐怖、极端等内容的读物、音像制品或者网络信息;其他有害于未成年人身心健康成长的行为。当未成年学生出现以上不良行为时,教师作为学校的教育主体,应及时对学生的不良行为进行纠正和制止,引导学生改正不良行为,以防学生走上犯罪道路。除了以上行为之外,《中华人民共和国预防未成年人犯罪法》中还对未成年人的严重不良行为进行了概述，包括纠集他人结伙滋事，扰乱治安；携带管制刀具，屡教不改；多次拦截殴打他人或者强行索要他人财物；传播淫秽的读物或者音像制品等；进行淫乱或者色情、卖淫活动；多次偷窃；参与赌博，屡教不改；吸食、注射毒品；其他严重危害社会的行为。当未成年人出现法律规定的严重违法行为时，公安机关可以根据具体情况，采取矫治教育措施。

学校作为主要教育场所，除了要对学生进行知识教育之外，还应对学生进行道德教育，通过相应的规章制度对学生的行为进行约束，防止未成年学生走上违法犯罪的道路。而学校对学生的管理离不开教师的监督和实施。教师作为对学生进行管理的责任人，应当熟悉与学生相关的法律法规，唯其如此，才能在学生犯错时及时进行纠正。因此，师范生也应学习学生的相关法律知识。

除了以上几种法律制度外，学校作为教育和教学活动的主要场所，关系着教育教学活动能否顺利进行，也关系着教育目标是否能够实现，以及学校内部教师和学生的人身安全。根据《学生伤害事物处理办法》《中华人民共和国校园安全法》《中华人民共和国义务教育法》等相关法律规定，学校内部应遵循安全第一、珍惜生命、预防为主、科学性、协调治理等原则。为了确保学校安全管理，学校一般会出台相应安全管理规章制度。例如，门卫制度、校内安全定期检查制度、消防安全制度、水电气安全管理制度、食堂卫生制度、实验室管理制度、卫生保健制度、学生安全信息通报制度、住宿学生安全管理制度、校车管理制度、安全工作档案制度、教学安全制度、大型集体活动安全制度、上下学与家长的交接制度等。除此之外，为了确保校内安全，学校还制定了完善的安全检查制度。学校的各种安全制度需要教师落实和执行，为此，教师应对学校的安全制度有所了解。师范生在实习期间，也应了解实习学校的各种安全规定。

当教师和学生在学校由于教育行政机关、学校或个人的行为而遭到伤害时，根据相关法律法规，教师及学生可以向上级单位进行反映，以便使其相关权益得以恢复、补救的法律制度。这些法律制度统称为教育权利救济制度，主要包括教育申诉制度、行政复议制度和诉讼制度等。由于涉及教师个人权益，因此教师也应对教育权利救济制度进行了解，以充分维护自己和学生的权益。师范生作为未来的教师，在师范院校学习期间，也应对相应的法律法规有所了解。

综上所述，教育行政法律法规、学校管理制度、教师相关法律法规、学生相关法律法规，以及学校安全法律法规和教育权利救济制度均为我国教育制度的重要组成部分，是依法治教得以顺利实施的基础。师范院校学生在走出校门，走上教师工作岗位之前，应对相关法律法规进行系统学习，为未来走上教师工作岗位后知法、守法、用法、护法奠定基础。

二、了解法治教育的目标

我国是一个法治国家，依法治教是依法治国的重要组成部分。改革开放以来，我国制定了一系列教育政策。其中既包括具有普遍性特征的法律法规以及相关政策，又包括教育专项法律和法规，以及条例、通知、意见等，这些法律法规构成了我国完整的教育法律法规体系。1993年《中华人民共和国教师法》出台，对教师的权利进行了保障。1995年、1996年、1998年我国分别出台了《中华人民共和国教育法》《中华人民共和国职业教育法》《中华人民共和国高等教育法》。除此之外，我国国务院、国家教育行政部门，以及我国各省级人大、政府、教育主管部门等部门还制定了数百项与教育有关的法律法规。这些法律法规共同构成了我国依法治教的法律基础。对于师范生来说，进行法治教育的目标主要包括以下几项内容。

（一）培养师范生依法执教的意识

师范生作为未来的教师，其综合素质高低直接决定着一个学校、一个地区，甚至整个国家教育水平的高低。师范生在未来教师职业生涯中的法律素养通常通过师范生的教育法律知识、教育法律意识和教育法律行为表现出来。因此，全面培养师范生的法律素养能够推动依法治教目标的实现。依法治教的实现有赖于师范生依法执教的意识和能力。

所谓依法执教是指教师遵循全面依法治教的要求，严格依照《中华人民共和国宪法》《中华人民共和国教育法》《中华人民共和国教师法》等法律规定，认真履行教育教学职责，坚持教师职业行为的正确方向。[1]教师依法执教的本质就是教师在遵循各种法律法规的基础上，坚持全面贯彻社会主义教育方针，

---

[1] 郑建华，张植卿，邓朝晖. 教师职业道德教育与依法治教实务全书 [M]. 中国教育出版社，2003：1305.

在教育教学活动中正确行使权利，履行义务，运用法律武器，保障自身合法权益的同时，切实维护学校、学生以及其他利益相关方的基本利益。

师范生作为教育的主体，应当明确依法执教是由教师的职业岗位的特质所决定的，师范生只有树立起依法执教的意识，才能在未来走上教师岗位后，确保党的教育政策和方针能够切实落实和依法贯彻，以确保"立德树人"目标的实现。此外，师范生只有树立起依法执教的意识，并在实际教学过程中落实依法执教行为，才能做好教师的本职工作，成为一名合格的人民教师，从而为实现教师的教育理想奠定良好基础。

师范院校师范生所学习的法律法规为其指明了将来走上教师岗位后所必须遵守的思想行为准则或维护自身利益的制度性要求。例如，在《中华人民共和国教师法》中，明确规定教师具有明确的权利和义务，这些权利和义务是国家教育部门围绕社会主义现代化建设者和革命事业接班人的中心任务而确定的，其目的是培养德、智、体、美、劳全面发展的社会人才。对教师来说，不仅需要明确自身的权利和义务，还必须确保在日常教学行为中切实履行相关权利和义务，知法、用法、守法、护法，在依法执教的过程中培养法治精神。

（二）树立师范生的教育信仰

依法治教是依法治国的重要组成部分，师范生进行法律教育的目标在于树立师范生的教育信仰。所谓教育信仰，是指人们对教育活动在个体和社会发展过程中的价值及其实现方式的极度信服和尊重，并以之为教育行为的准则。[1]师范生作为未来的人民教师，在教育教学中，只有树立教育信仰才能在教育中全身心投入，才能取得理想的教育效果。西方教育家卡尔·西奥多·雅斯贝尔斯曾说："教育须有信仰，没有信仰就不能成其为教育，而只是教育的技术而已。"[2]由此可见，教育活动并非是一项人人都可以开展的活动，也并不是一种简单的知识传授的过程，而是一种包含着教育者教育信仰的行为。教育信仰在教育活动中起着十分重要的作用。

一方面，教育信仰中蕴含着教育承诺和教育担当。教育信仰中包含着教师的教育责任感和义务感，是教育活动正常有效开展的前提。一旦教师树立了坚

---

[1] 石中英.教育信仰与教育生活[J].清华大学教育研究，2000(2): 28-35.
[2] （德）雅斯贝尔斯（Jaspers, K.）著；邹进译.什么是教育[M].北京：生活·读书·新知三联书店.1991：13.

定的教育信仰，教师就会全身心地投入职业生涯中，将时间和精力全部用于教育活动，在教育教学工作中时刻从学生的需要出发，从教育效果出发，对教育教学工作进行反思，创新教育理念和教学方法，不断提升教育效果，实现"立德树人"的目标。

另一方面，教育信仰是教师追求教育理想的精神力量。教师作为一线教育工作者，对于教师这一职业的态度大体可划分为三种类型。第一种是将教育工作视为一种单纯的职业，作为教育者谋生的手段，这类教师在实际教育教学中多将自身定位为教育实践工作者，将传授知识作为自身的工作要求，而对如何改进教育工作理念和方法缺乏思考；第二种是将教育工作作为实现人生职业理想和人生价值的手段，在自身定位方面，将自身视为专业教师，这类教师往往在教育中具有较高的积极性和主动性，能够在教育教学实践中探索提升教育质量和教育成效的具体方法，然而却缺乏对教育本质问题的思考；第三种是将教育工作视为终生奋斗的事业和使命，将教育理想视为终身理想，这类教师在教育教学工作中不仅能够积极探索新的教育方法，还能够通过对教育本质的反思，对教育工作理念进行改革。由此可见，教育信仰的树立能够为教育工作者指明方向，是教育工作者追求教育理想的精神力量。

综上所述，教育信仰不仅蕴含教师的教育承诺和教育担当，还蕴含着教育工作者追求教育理想的精神力量。师范生作为未来的人民教师，应当树立教育信仰，如此才能在未来的教育工作中全身心投入，视教育事业为终生的奋斗目标。

（三）培养师范生维护自身合法权益的能力

师范生法律知识的学习不仅是师范生未来依法执教和树立教育信仰的基础，还是师范生在未来教育教学工作中运用法律武器维护自身合法权益的基础。

教师职业是一项极为特殊的职业，直接关系到社会人才培养质量，因此教师职业与其他职业相比，在遵守法律规定的权利和义务的同时，还应遵守和践行教师职业道德。《中华人民共和国教育法》中不仅明确了教师的权利和义务，还对违反相关规定的处罚措施进行了明确规定。一旦教师触犯了相关法律法规，轻则接受学校内部的行政处罚，重则会被开除出教师队伍，甚至还会追究违法者的刑事责任。从这一视角来看，师范生学习和掌握相关的法律知识能够使其产生对法律底线的敬畏之情，从而为其走上教师工作岗位后减少和避免犯罪事件的发生奠定了基础。

教师与国家的其他公民一样，都拥有一定的权利与义务，教师的合法权利和义务受到法律保护。在师范生所学习的法律知识中，不仅包括社会主义依法治国理论体系，还包括方方面面的教育法律和法规。其中既包括国家的整体法律法规知识，又包括教育行政相关的法律法规、学校相关的法律法规、教师相关的法律法规、学生相关的法律法规、学校安全法律法规、教育权利救济制度等。师范生通过系统地学习教育法律知识，能够为其将来走上教师岗位后，当自身合法权益受到侵害时，能够拿起法律武器维护自身合法权益奠定基础。

（四）确保师范生职业道德的有效实现

我国教育法律体系中不仅对教师的日常行为和操守进行规定，明确了教师的权利和义务，还对教师的职业道德进行了明确规定。例如，《中小学教师职业道德规范》中就对教师在执教过程中所应具备的道德素养进行了明确规定。其中包括爱国守法、爱岗敬业、关爱学生、教书育人、为人师表、终身学习等。这些教师职业道德素养的相关规定能够为教师的自身素养的培养提供方向，并在日常教学活动中反映出来。例如，师范生职业道德中的爱岗敬业要求教师在日常教学工作中对工作认真负责，认真严肃地对待教学活动中的每一个环节，不得敷衍，而是对教育保持极大的忠诚和热情。具体来说，爱岗敬业这一职业道德中又包含着热爱教育、勤勉敬业的内涵。爱岗敬业要求教师在日常教育工作中能够志存高远，将教育事业作为一生的职业理想，乐于奉献，甘为人梯，在教学工作中对自己的职业付出不计较，不求回报，愿意为了学生的成长和成才而付出时间和精力，用自己的学识和爱心为学生搭建成长和成才的阶梯。这就要求教师必须在日常教学中高度负责，专心致志，树立认真工作、勤勉上进、诚恳待人的意识，并将这种意识付诸教育实践。教育法律法规中这种对教师职业道德的规定能够培养和树立师范生的职业道德意识，从而在师范生走上教育工作岗位后，确保其能有效遵守职业道德。

三、实现师范生法治教育的途径

师范院校中师范生的法治教育可以通过科学制定法治教育课程体系、优化师范院校法治教育环境、加强师范院校法治教育教师团队建设、充分利用教育实习实践等途径实现。

（一）科学制定法治教育课程体系

在师范院校中，师范生的法治教育主要通过课堂教学的途径实现，为了提升师范生法治教育的效果，应当科学制定法治教育课程体系。

1. 将法治教育纳入师范生的专业课程之中

师范院校的法治教育一般多在思想道德课程中进行，这种教学体系中的法治教育课程的占比相对较低，尽管也能起到让师范生学习和掌握必要法律法规知识的作用，然而，由于课程数量较少，往往难以被师范生重视。而如果将法治教育纳入各师范生的专业课程之中，将法治目标纳入专业课程的教育目标中，教师在讲授专业课程时，就会将相关的法律法规知识融入其中，深度挖掘专业知识课程中的法律资源，从而在客观上推进师范生专业课程与法律课程的结合，加深师范生对法律知识的学习。此外，将专业课程与法律课程结合起来还能够起到激发师范生学习法律知识的兴趣的效果。

2. 开设独立的法治教育公共必修课程

师范生作为未来教师的主要来源，其法律素养的高低直接决定着未来我国教师团队法律素养的高低。为了提升师范生的法律素养，提高师范生法律知识学习的实效性，师范院校可以通过开设专门的法治教育公共必修课的方式，通过完善法治教育公共必修课教材、增加法律课程课时、加大考核力度等方式，确保师范生能够系统地学习依法治国方略和教育法律法规知识，从而提升师范生学习的效果。

法治教育公共必修课的内容相对较为广泛，教育目标明确，教育方式和方法从学生的实际需要出发，能够从思想上引起学生对法治教育学习的重视，而法治教育公共必修课程以讲授法律知识为主，与师范生的切身利益息息相关，能够激发师范生的学习兴趣。此外，法治教育公共必修课作为一门独立的必修课程，教师不仅拥有充足的时间对学生进行系统的法律教育，还可以开设法律教育实践课程，通过正规课堂教学和课外实践的方式不断增强学生的学生兴趣，使学生能够较好地掌握法律知识，充分感受法律知识的重要性。

3. 将师范院校的法治教育课程体系与中小学法治教育相衔接

法治教育培养并不是一朝一夕能够完成的，也不是通过单纯的课程教学就可以实现的，它是一项具有持久性的系统工程。因此，为了培养师范生的法治思维，应将师范院校的法治教育课程体系与中小学法治教育相衔接，做好师范院校和中小学法治教育的教育目标、教育内容的衔接。例如，小学主要以讲授法治故事为主，以引发小学生的对法治知识的兴趣，加深小学生对法治知识的接受程度。中学主要以讲授法律规范为主，要让学生明确哪些行为可以做，哪些行为不能做。师范院校的法治课程则应坚持法理结合的方法，帮助师范生在学习法治知识的同时，形成正确的法治观念和法治意识，通过大中小学的法治教育体系的衔接，能够起到较好的法治教育效果。对师范生来说，师范生所学习的法治知识不仅用于对自我思想和行为进行规范，还可以用于中小学教育和日常管理之中。因此，从这一视角来看，师范院校的法治教育课程体系与中小学法治教育相衔接，能够不断巩固师范生的法治教育，起到良好的法治教育效果。

（二）优化师范院校法治教育环境

良好的外在环境能够提升师范生法治教育的实效。因此，师范院校可以通过营造良好的校园法治教育环境、社会教育法治环境、网络法治教育环境等实现校园法治教育环境的优化。

1. 营造良好的校园法治教育环境

营造良好的校园法治教育环境可以通过将法治精神融入学校教育活动的方方面面来实现，从而对师范生进行良好的引导。例如，在校园硬环境、软环境中纳入法治理念和法律知识。其中在校园软环境的构建中，可以充分借助校园内设立的宣传栏、报刊、场所和用具等开展法治教育。除此之外，还可以在校园中开展各种法律知识竞赛等法治教育实践活动，从而在校园中营造良好的法治文化氛围，对师范生产生潜移默化的影响。

2. 营造良好的社会教育法治环境

社会环境与师范生关系密切，能够对师范生的行为产生较大影响。师范院校作为高等院校，其社会环境并不是封闭的而是开放的。社会环境对师范院校的师范生价值观的树立起着十分关键的作用。师范生的法治教育是一项系统工程，也是社会教育的重要内容，开展法治教育，实现依法治国，不仅需要学校的力量，还需要全体国民的共同参与。因此，师范生的法治教育培养应当将社会法治资源与师范院校法治资源结合起来，提升法治教育实效。例如，借助社会主流媒体营造良好的法治环境，使公民都能够感受到社会主义法治精神，从而帮助师范生树立社会主义法治理念,加强师范生的法治教育。又如,在我国法治建设进程中,国家有关部门通过对社会上违法犯罪等问题的查处,构建良好、和谐的法治社会环境,为师范生营造了良好的法治教育学习环境。

3. 营造良好的网络法治教育环境

进入21世纪以来,随着互联网信息技术的发展与应用,互联网已渗透到社会生活的方方面面。对大学生来说,互联网已成为大学生学习和生活中不可或缺的重要工具。随着互联网时代的到来,师范院校在师范生法治教育的培养中应当努力营造一个健康、安全的网络环境,倡导师范生依法文明上网。此外,师范院校还可在校园官方网站、论坛等平台开展专门学习法律知识的网页,运用师范生喜爱的方式激发师范生学习法律知识的兴趣,帮助师范生建立良好的人格体系,提高师范生知法、懂法的能力。师范院校还可利用新媒体平台,在官方微信公众号、官方微博上发布法治新闻、法治案例、最新出台的法律文件等。由于官方网站和官方微信、微博平台上传播的信息既可以是文字形式,又可以是图片、视频等形式,形式多样,内容丰富,能够激发师范生学习法律知识的兴趣。还可引发师范生对法律热点话题的讨论,提高师范生对法律相关问题的关注,提升师范生法治教育效果。

(三) 加强师范院校校法治教育教师团队建设

师范院校的法治教育成效与师范院校的法治教育教师团体的整体素质和水平息息相关。教师作为教学主体,在法治教育中扮演着十分重要的角色。因此,提升师范生法治教育水平必须重视师范院校师资队伍建设。具体来说,应当切实提升法治课程教师的专业水平,提升师范院校辅导员和行政管理人员的法律素养。

1. 提升法治课程教师的专业水平

在师范院校中,法治教育一般由思想政治理论课教师兼任,这些教师大多擅长马克思主义理论、政治学、哲学、历史学等学科,而较少系统学习过法学理论知识,法学基础理论较为薄弱。在对法律知识进行讲授时,大多数教师只是就知识本身进行阐释,而无法通过法律知识和法律文件领悟其背后蕴含的独特法律精神。针对此种情况,在进行法治教育时,师范院校应从两个方面着手。一方面,加强思想政治理论课教师的法律知识培训,不断提升思想政治理论课教师的法律素养,使其成为可以胜任法律课程的教师,较好地完成法律课程讲授，提升法律课程的实效。另一方面，在校内选拔一些既懂法学理论知识，又有一定的法律实践经验的专职法治教育教师作为法治课程的教师，提升师范院校法治课程教育教学效果。除此之外，还可充分利用社会资源，从校外聘请优秀的法官、检察官、律师担任学校的兼职法治教育教师。师范院校内部在构建良好的高水平的法治教育教师团队的同时，还应加强法治教育教学理念和教学方法的革新，不断提升教学效果，从而培养和提升师范生的法律知识，帮助师范生树立良好的法治观念。

2. 提升师范院校辅导员和行政管理人员的法律素养

师范院校中的辅导员和行政管理人员为师范生学习和生活而服务，同时发挥着对师范生的思想和行为进行引导的重要作用，因此在师范生的法治教育中应重视师范院校辅导员和行政管理人员的作用，不断提升师范院校辅导员和行政管理人员的法律素养。

辅导员是师范院校师范生日常接触最多的教师，其既是师范生班级事务的管理者，又是师范生成长路上的陪伴者，在师范生的大学学习和生活中起着十分重要的作用。与师范院校法治教育教师相比，辅导员与师范生的联系更加密切，对师范生的思想状态和成长需求更加了解，明确师范生在什么阶段需要什么样的法律知识。此外，互联网时代的到来使师范生的思想受到多种价值观的冲击，极易出现价值观的偏差，导致师范生产生不良行为等现象，而辅导员作为班级的管理者，可以通过组织主题班会、主题法治教育活动对师范生的法治价值观进行引导。从这一视角来看，应对辅导员进行法治教育培训，提升辅导员的法治教育水平，从而有利于辅导员更好地展开工作，为师范生法治教育保驾护航。

师范院校行政管理人员既是学校各种规章制度的制定者，又是学校规章制度的执行者。师范院校行政管理人员能否在日常工作中按照制度办事是决定校风是否公平、公正、公开的关键因素。如果行政管理人员在日常管理中不能够按照有关法律和学校的规章制度办事，那么就会对学校的师生产生潜移默化的不良影响，从而减少学生对法律的敬畏心理，阻碍学生正确法治观念的建立。相反，如果行政管理人员在日常管理中严格按照有关法律和规章制度办事，那么就会在校园中营造良好的法治教育环境，有利于师范生建立积极的法治观念。

除以上几种途径之外，培养师范生的积极法治观念，提升师范生法治教育成果，还可通过师范教育实习的途径实现。这一点将在下一节进行详细阐释，这里不再赘述。

第三节　师范教育实习中社会主义法治教育的培养路径

师范教育实习作为师范教育的重要环节，在师范生的社会主义法治教育中起着十分重要的作用。本节主要以顶岗实习或支教实习为例，围绕师范教学实习中对师范生进行社会主义法治教育的培养路径进行阐释。

一、师范生作为任课教师的法治教育的实现途径

根据师范生教育实习目标，师范生在教育实习实践中不仅应逐步形成良好的师德素养和职业认同，还应当更好地理解教育教学专业知识，掌握必要的教育教学设计与实施、班级管理与学生指导等能力，从而为其走上教师岗位后的教育工作和教师专业发展奠定良好的基础。为了培养师范生的专业教学能力，师范生在实习中需要担任具体课程的任课教师，进行规范的教学实习和教研实习等，可以在专业课程教学、专门政治思想教育、品德教育课程中培养师范生的法治教育。

（一）借助专业课程实现师范生法治教育

师范生在中小学实习时，一般教授与其专业相同的课程。例如，师范院校中文专业的学生在实习时多担任中小学校的语文教师，师范院校数学专业的学生在实习时多担任中小学校的数学教师等。根据2016年教育部发布的《关于加强师范生教育实践的意见》，师范院校实习生在实习时须采用"双导师制"，即师范生的教育实习由师范院校教师和中小学教师共同指导。两名指导教师一方面对师范实习生的专业教育知识和专业教育技能的提升进行指导；另一方面对师范实习生树立正确的价值观、培养高尚的师德、法治教育等方面起着重要的引导作用。为了在专业课程中培养师范生的法治教育，同时也为了拓展中小学生的法制教育渠道，实习生的两位指导教师可以在实习生的专业教学目标中

加入法治教育目标。

例如，中文专业的师范实习生在中小学中担任语文教师，中小学语文教材中选取了大量古今中外的名篇。其中不乏可以作为法治教育的素材。在这些课文教学中，实习生指导教师可以在这些课文教学中设定法治教育目标。在教学过程中，为了实现相应的法治教育目标，实习生必须对相关方面的法律知识进行了解，并且通过独特的课程设计将法律知识融入教学设计中，在课堂教学中将相关法治知识传授给中小学生，引导中小学生树立积极的法治观念。实习生指导教师可根据实习生的课程设计在试讲环节或课后评价环节对实习生进行指导，从而加强实习生对相关法律知识的掌握和深刻理解，提升实习生的法律素养。以词语学习为例，在教学中讲解"赡养"一词时，实习生可以将"赡养"与"抚养"进行对照讲解，使学生明确这两个词语之间的异同，并且围绕"赡养"一词，为学生讲解与"赡养老人"相关的法律知识，让学生明确尊老爱幼，赡养老人是每一个人的义务，如果在生活中不赡养老人，须承担一定的法律责任，帮助学生树立从小尊敬父母和长辈的意识。

又如，历史专业的师范实习生在进行中小学历史教育中，在讲解到历史特定年代法律法规的制定或出台时，可以通过将古代历史上出台的某个法律法规与现代社会中的法律法规进行对比，这种对比不仅可以使学生清楚地了解现代法律的进步之处，还可以提升师范实习生的法律知识素养。例如，师范生在讲解汉朝赡养老人的制度时，可以对我国赡养老人制度的起源与发展进行梳理，并着重引导学生学习我国现代法律中赡养老人相关的制度。在此过程中，师范实习生本人可以对我国赡养制度的起源、发展进行详细了解，并学习现代社会赡养制度，增强法律知识素养。

（二）借助思想政治教育课程实现师范生法治教育

在中小学阶段，为了培养中小学生形成积极向上的价值观，对中小学生的思想和品德的养成进行引导，我国在中小学中开设了道德与法治课程。

道德与法治课程是我国为了对学生进行思想教育而专门开设的课程，这些课程以相应的教材为依托，对学生进行系统的德育知识传播，在培养学生良好道德品质和行为的基础上，引导学生形成正确的世界观、人生观、价值观，全面提升学生的思想政治觉悟。

1. 从教育目标的设定着手提升师范实习生的法治素养

我国中小学生的思想政治方面的知识大多通过教师课堂教学的方式习得的，师范实习生在实习期间，实习指导教师可以通过让师范实习生担任品德教育课程的实习教师，以此培养和提升师范实习生的道德素养。师范实习生在担任学校思想政治课程教师期间，如果要将相关法治教育纳入中小学思想政治课程体系，那么，为了达成相关教学目标，师范实习生就必须具备相应的法律知识、法治意识、法治思维、法治教育教学能力。其中法律知识包括教师专业法律法规和一般法律知识。法治意识是指师范实习生学法、知法、守法、用法、护法的意识。法治思维是指公民运用法治的概念、逻辑、原则和规范对社会问题进行审视、分析、推理、综合，形成判断和做出决定的思想活动过程。[①]师范实习生必须学会从法律角度对社会上的某些行为或现象进行审视与分析，并判断某一行为或现象是否合理，能够运用相应的法律法规寻找解决方法。法治教育教学能力是指应用法律知识解决相关法律问题的能力，以及将法律知识传授给学生，培养学生法治意识，引导学生树立正确的法治观念的能力。在此基础上，师范实习生必须经过备课、撰写教案、课堂设计、试讲、正式讲课、评课等教学环节，才能实现相应的法治教育目标。

为了能够胜任中小学思想政治课程教师，师范实习生必须积极主动地通过各种途径学习法律知识，并且逐渐培养其法治意识、法治思维、法治教育教学能力，唯其如此，才能承担起相应的中小学思想政治课程教学任务，达成教学目标。

在此期间，实习指导教师可以为实习教师的法律知识学习提供相应的资源，引导实习教师积极学习法律知识。在课程实践中，实习指导教师可以在实习生的试讲环节引导实习生深入理解相关法律知识，了解法律知识背后的法律逻辑，逐渐培养和提升实习生的法律素养和法治教育教学能力。在进行课程教学的过程中，师范实习生可以加深相关法律知识的理解，规范行为，从而达到不断提升其教育教学能力和法治素养的目的。

以高中思想政治必修课程《经济生活》为例，这本教材中包含着大量法治

---

① 马晓春.教师教育专业质量评估指标体系研究[M].哈尔滨：黑龙江人民出版社，2017：103.

知识，教师作为知识和文化的传播者，肩负着"传道、授业、解惑"的神圣职责。当师范生在讲授《经济生活》时，只有了解、熟悉和理解《经济生活》中涉及的一系列法律法规，才能承担起相应的教育教学任务。因此，师范实习生在担任高中《经济生活》教师时，必须首先深入学习相关教材内容和与教材内容相关的法律内容，不断完善教学教法，唯其如此，才能不断提升师范实习生的法律综合素质。

2. 从教学方法创新角度引导师范实习生加强法治学习和教学创新

教学过程是一个教学相长的过程，并非教师单纯对学生进行知识传授的过程，在这一过程中，教师也会从中获得知识和能力的提升。

现阶段，中小学思想品德课程普遍存在学生缺乏兴趣、教学效率不高等问题。这与中学思想品德课程教师的教学模式固化有关。师范实习生在担任中小学思想品德课程教师期间，实习生指导教师可以在教学目标的设定中，引导实习生创新教学方法。从在实习生试讲环节和课后评课环节，强调创新教学方法的重要性。而师范实习生在中小学思想品德课程中创新教学方法就要减少常用的讲授法和理论教学法，不能再单纯地对学生进行理论灌输，可以采取启发式教学法、案例式教学法等。而在教学方法创新过程中，不但会提高学生学习兴趣，增强教学效果，而且师范实习生也会加深对教材的理解和相关法律知识的印象，从而达到较好的法治教育效果。

3. 从实习评价指标体系的构建引导师范实习生提高法治素养

师范生教育实习活动是一项综合性强、涉及面广的活动，为了确保师范生教育实习活动能够获得较为理想的效果。师范院校构建了师范实习生实习评价体系。师范教育实习的评价体系由教育实习成果评价和教育实习过程评价两部分组成，其中，教育实习成果评价包括班主任工作、教学实习、专业素养三个方面。而教育实习过程评价则包括实习纪律、职业道德、实习教学日记、适应能力、教育科学研究等方面。在师范生实习过程中，可以将师范实习生的法治素养纳入实习生职业道德之中，以便通过实习评价指标，加强师范实习生的法治学习。

二、师范实习生作为班主任的法治教育的实现途径

班主任工作是师范实习生评价体系中的重要内容，师范实习中的班主任

实习能够帮助实习生全面而深入地了解班主任工作的基本内容、基本方法和基本程序，并且可以将在师范院校内学到的各种教育理论和教育观念融入教育实践中，培养师范实习生的管理、沟通、组织、交流、执行、表达等综合素质和能力，树立"以人为本""服务学生"的教育理念。师范生在实习期间作为代理班主任，承担着构建和谐有效的班级秩序、良好班风的重要职责，在此过程中，师范实习生可通过以下几个方面进行法治教育，提升师范实习生的法治教育素养。

（一）借助班级管理规章制度的制定和落实加强师范实习生的法治教育

师范实习生作为实习班主任，受学校委托，全面负责一个班级的教育和管理，从学生管理的角度来看，班主任是学校对学生进行教导工作的主要力量，是联系班级任课教师的纽带，也是与学校、家庭和社会教育沟通的桥梁。班主任需要具备了解学生的能力、对学生进行思想教育能力、班级的组织管理能力、协调交往能力，以及自我调控能力等各个方面的能力。班主任的日常管理工作可以划分为班级常规管理工作和非常规管理工作。其中，班级常规管理工作又可细分为两种类型，即班级规章制度管理和班级阶段性管理。班级规章制度管理是确保班级建立起和谐健康秩序的重要手段。班级规章制度管理一般需要班主任自行根据中小学生守则、中小学生日常行为规范和学校规章制度进行制定。班级规章制度一旦建立后不可轻易更改，是班级内部学生必须遵守的行为规范。

班级规章制度作为学校内部的规章制度，应与学校的规章制度相统一。教师应将学校规章制度和班级规章制度结合起来，并且加强对学生的班级和学校规章制度的设计，对学生的思想和行为进行规范。班级管理制度的内容一般较为明确，包括班级内部的学生学习制度、生活常规制度，课堂和自修纪律的评比制度，生活作息制度，室内和公共场地包干区的清洁卫生制度，课外活动和体育锻炼制度，以及住宿学校的寝室制度等。班级规章制度作为班级的重要管理制度确定后，需要班主任持续对班级内部的学生进行思想和行为引导，帮助学生树立良好的行为规范。

班主任作为学生班级管理工作的主要负责人，承担着向学生传达、传播最新教育政策、中小学生守则、中小学生规范和学校校规、班级班规的主要职责。对师范实习生来说，在此过程中，他们可以借此机会学习和熟悉中小学法

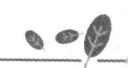

律法规知识。

而对学生进行管理则不仅要求学生了解学校的规章制度和班级内部管理的规章制度，还要求师范实习生熟悉学校和班级的规章制度。唯其如此，师范实习生才能更好地对学生进行日常管理，才能对学生进行思想引导和行为规范，才能快速、细致地处理各种日常事务。除此之外，师范实习生在进行班级管理时，除了对学生进行言行规范之外，还必须以身作则，为学生树立良好的榜样，才能对学生产生潜移默化的影响。这些实际管理工作在提升师范实习生的法治意识和法治素质中起着十分重要的作用。

（二）借助学生管理工作提升师范实习生的法治素养

师范实习生在教育实习期间作为实习班主任，需要承担相应的班级管理工作，班级管理工作中包括协调学生与学生之间、学生与教师之间的矛盾，从而建立良好的学习秩序。中小学生正处于心理发展的关键阶段，自控力较差，易冲动行事，在处理人与人之间关系时难免会被不良思想所引导，从而做出有违班规、校规和中小学学生守则的行为。例如，中小学生之间出现的暴力事件或冷暴力事件等。中小学生在相处过程中难免产生种种摩擦，从而导致学生中存在同伴交往中"冷暴力"的现象。

同伴冷暴力是指中小学生有意识地运用口头言语、身体姿态、面部表情等释放能量，从而对他人人格和心灵进行伤害的行为。除了言语之外，还可以通过神情或态度等对受害人进行孤立，从而对受害人产生伤害。中小学生对同伴的冷暴力行为往往会对受害学生心理上产生极其恶劣的影响，使受害学生产生消极自卑心理，丧失对学习的兴趣，丧失对学校、教师和同学的热爱，严重影响受害学生的学习效率，甚至还会影响和妨碍和谐校园、和谐社会的构建，最终将受害者推向社会的对立面。除了同伴冷暴力之外，中小学校园中还存在着身体欺凌、言语欺凌、关系欺凌、网络欺凌等校园欺凌行为，这些行为之所以屡屡存在，与中小学生的法律意识淡薄存在密切联系。

面对中小学生出现的种种不良行为和不法行为，中小学教师，尤其是班主任教师应加强对中小学生的行为管理和法治教育。对于师范实习生来说，师范实习生不可避免地需要借助法律法规和学校、班级规章制度进行学生管理，这在客观上为师范实习生学习法律知识、增强法治意识提供了条件，从而有利于师范实习生提高法治素养。

除了中小学生的不良行为和不法行为之外，在长期的学习活动中，学生与学生、学生与教师之间难免产生种种矛盾。而对中小学生来说，由于心理发展还未完全成熟，在处理问题时难免产生过激行为，易引发种种矛盾。如果不能及时、公正地解决这些矛盾，不仅会对学生的思想和学习效果产生影响，严重时还会引发学生的心理问题。在处理学生之间的矛盾时，班主任应以法律法规和校规班规作为依据，使学生心服口服。而这要求班主任必须具有较高的法治意识和法律素养。对师范实习生来说，作为实习班主任进行学生管理工作时，也必须提升自身的法律素养和法治意识。这在这客观上为师范实习生提供了学习法律知识，运用法律思维，知法、守法、用法的实践环境，有利于师范实习生法治综合素养的提升。

（三）组织学生开展法律实践活动

中小学班主任承担着引导学生树立良好品德和法律意识的责任，在进行学生德育和法律意识的提升过程中，师范实习生作为中小学代理班主任，可以通过组织学生开展法律实践活动的方式，加强对学生的思想引导，加强法制宣传，提升学生的法律意识、知识水平，从而使学生遵纪守法，防止出现过激或违法犯罪行为。对师范实习生来说，在组织学生开展法律实践活动的同时，也可提升自身的法律素养。具体来说，组织学生开展法律实践活动的活动形式主要包括开展模拟法庭、开展普法宣传活动等。

1. 通过开展模拟法庭，提升中小学师生的法律素养

中小学生的生活一般多为学校和家庭，较少接触社会上的事物，对真实生活还缺乏一定的了解，长期在学校和家庭的双重保护下生活，往往欠缺社会常识，对社会的整体性认识较为模糊。中小学生所学习的法律知识大多来自书本，由于缺乏实践，较少了解和应用到学校之外的法律知识。除了学校之外，中小学生了解到的法律知识多为电视或网络上的法制节目、热点法律话题、法制新闻等。这些节目虽然多以视频的形式呈现，较为直观，然而由于距离中小学生较远，难以真正培养中小学生的法律意识。而模拟法庭活动则是在课堂中模拟真实的法庭活动。在模拟法庭教育实践活动中，设立法官、审判员、书记员、律师、原告、被告等真实角色，这些角色均由学生进行扮演，严格按照相关法定审判程序进行，从而让参与其中的学生与观看的学生真实地感受和体会到法律的庄严，对法律知识产生真实的、直观的认知。而师范实习生作为实习班主任，在整个过程中应对学生进行正确的引导，对其法治素质和法律知识等方面提出了较高要求。因此，开展模拟法庭教育实践不仅能够让中小学生亲身参与到具体的法律教育实践中，提高法治教育的趣味性、互动性，调动学生的学习积极性，还能够直接促使师范实习生加强法律知识学习，提升法律素养。

2. 通过建设法治教育基地，提升中小学师生的法律素养

中小学生在学校中了解到法律知识的途径主要为课堂，而法律课程的数量往往有限，要想在有限的法律课堂中培育中小学生的法律素养是一项十分艰巨的任务。法律知识是在一门在现实中实用性较强的知识，单纯在课堂中学习法律知识，中小学生无法在现实中真切体验法律知识的应用。为了提升中小学生的法治意识和法律素养，除了在课堂和学校中为中小学生营造良好的法治环境之外，中小学校还可以走出学校，与社会上的法律相关部门或机构合作，共同打造青少年法治教育学习和实践基地，为中小学师生创建一个健康的社会法律氛围。例如，中小学校可以与检察院、法院、律师事务所等机构合作，建设法治教育实践基地，让中小学师生参与到社会法律普及和宣传活动中去，在社会法治实践中使小学师生掌握法律知识，帮助中小学师生树立法律责任感和使命感，提升中小学师生的法治意识和法律素养。在这一过程中，师范实习生作为中小学师生中的一员，其法律素养也必然会得到相应地提升。

第七章
师范教育实习中的核心素养教育

第一节 核心素养教育的内涵及意义

核心素养指的是生命个体在学习与生活的过程中不断培植起来的，能促进个体身心持续和谐发展的，知、情、意、行等融会贯通而成的精神元素与成长基因。[①]本节主要对核心素养的提出及内涵、意义进行详细阐释。

一、核心素养的提出及内涵

核心素养一词是经济合作与发展组织（Organization for Economic Co-operation and Development，简称 OECD）在 1997 年提出的概念。之后，在联合国教科文组织的带领下，世界各国纷纷开展对核心素养的研究，并搭建学生核心素养框架，以推动教育的新发展，提升人才培养质量。学生的核心素养涉及知识、技能、情感态度价值观等多个方面，是未来学生适应迅速变化的社会、保障全面发展的基础。核心素养的提出是建立在特定时代背景之上的。

（一）核心素养提出的背景

核心素养与各个国家人才评价、教学方式、课程教材等改革，以及教师专业发展、教学质量评价等教育活动都息息相关，是现阶段国际社会政策制定、教育实践推进以及教育研究和教育改革的重点。

人才是推动社会发展的主要力量，世界各个国家都十分重视人才的发展。1997 年，经济合作与发展组织启动了"素养的界定与遴选：理论和概念基础"项目，该项目从跨学科视角对人才的衡量提出了新的指标体系，试图研究个人需要具备什么样的素养才能适应社会的发展。该项目指出，人必须具有互动地使用工具、自主行动、在社会异质团体中互动三个维度的能力。其中，互动地使用工具具本指互动地使用语言、符号、文本的能力，互动地使用知识和信息的能力，互动地使用技术的能力。自主行动则包括在复杂的大环境中行动的能力，形成并执行个人计划或生活规划的能力，维护权利、利益、限制与需求的

[①] 靳玉乐，张铭凯，郑鑫. 核心素养及其培育[M]. 南京：江苏人民出版社，2018：2.

能力。在社会异质团体中互动的能力包括与他人建立良好关系的能力、团队合作能力，管理与解决冲突的能力。

进入21世纪后，世界各个国家或组织从不同角度对核心素养提出了不同的标准。2003年，联合国教科文组织（United Nations Educational, Scientific and Cultural Organization，简称UNESCO）在终身学习理念下，进一步完善了公民必备的核心素质，认为学会求知、学会做事、学会共处、学会生存、学会改变是公民在终身教育时代学习的五大支柱。2006年，欧盟议会（European Parliament）和欧盟理事会（European Council）提出来的"终身学习核心素养"的建议案，其中指出，核心素养是一系列可移植的、具有多功能的知识、技能和态度，以及个体获得成就和自我发展、融入社会以及胜任工作的必备素养。终身学习核心素养是终身教育的基础，这些素养应在义务教育阶段完成。"终身学习核心素养"的建议案中指出，人的核心素养由知识、技能和态度三个维度构成，为个体追求个人生活目标提供支持，为个体兴趣、梦想以及终身学习的愿望提供动力，并且帮助个体建立公民身份，行使公民权利，以及帮助公民积极融入社会。核心素养还能够帮助社会公民具备工作的能力，获得稳定而合适的工作。

我国自改革开放以来就十分重视素质教育的发展，经过四十多年的发展，我国素质教育取得了累累硕果。然而与此同时，也面临着新时代的种种挑战。2014年，教育部印发了《全面深化课程改革落实立德树人根本任务的意见》，其中明确提出："教育部将组织研究提出各学段学生发展核心素养体系，明确学生应具备的适应终身发展和社会发展需要的必备品格和关键能力，突出强调个人修养、社会关爱、家国情怀，更加注重自主发展、合作参与、创新实践。"[①]这一文件将核心素养培育纳入"立德树人"范畴，作为"立德树人"实现的重要途径，标志我国核心素养培育进入新的阶段。

（二）核心素养的内涵

核心素养这一概念自20世纪90年代提出后，受到了社会各个国家和机构的关注，他们从不同角度对核心素养提出了各种各样的定义。这些定义中所指

[①] 教育部关于全面深化课程改革落实立德树人根本任务的意见[EB/OL].(2014-4-8)[2021-09-01]http://www.moe.gov.cn/srcsite/A26/jcj_kcjcgh/201404/t20140408_167226.html.

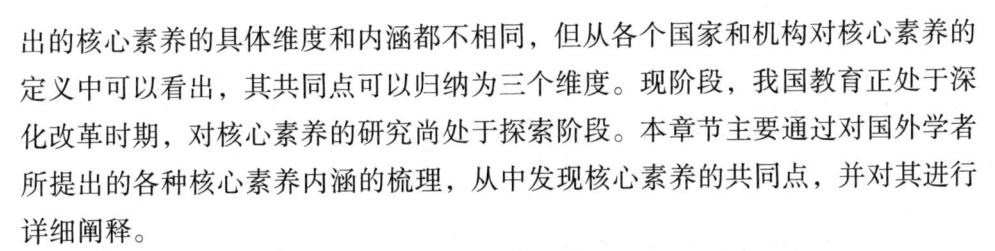

出的核心素养的具体维度和内涵都不相同，但从各个国家和机构对核心素养的定义中可以看出，其共同点可以归纳为三个维度。现阶段，我国教育正处于深化改革时期，对核心素养的研究尚处于探索阶段。本章节主要通过对国外学者所提出的各种核心素养内涵的梳理，从中发现核心素养的共同点，并对其进行详细阐释。

1. 核心素养的培养着眼于人的全面发展

核心素养着重于培养人的知识、技能和态度三个方面的能力，并非单一学科的知识和技能，而是适用于不同学习领域、不同情境，是一种全面发展的能力。各个国家或机构所构建的核心素养体系中的指标大多可以按照经济合作与发展组织的架构进行划分，具体则可划分为人与工具的互动、人与自己的互动、人与社会的互动等，体现出人的发展的综合性。除此之外，无论哪个国家或地区的核心素养的发展都着眼于人的创新素养的发展，创新素养是所有核心素养发展的核心。

2. 核心素养的价值取向在于满足个人发展和社会发展的双重目标

核心素养的发展不仅需要满足个人优质生活的需求，还力求获得个人的成功，满足个人的自我实现。从核心素养的这一目标来看，核心素养必须能够为个人兴趣和终身学习的愿望提供动力，满足个人对优质生活的追求，并且帮助个人获得成功的人生。从社会发展目标视角来看，核心素养能够满足个人立足于社会，并在社会中获得发展的需求。核心素养可以帮助社会公民建立独特的身份，行使各种公民权利，并且支持个体融入文化网络，适应各种社会情境的发展与挑战，并且保障社会的稳定发展。

3. 核心素养的内容包括知识、能力、态度各个方面

从核心素养的内容维度来看，核心素养包含知识、能力、态度三个方面，其中的知识并不特指某一个学科的知识，也不是某一类型的知识，而是个体能够积极主动地获得的综合类知识，既能够支持个体兴趣爱好的发展，又能够支持个体在社会上立足，并融入社会组织。能力的含义也并非传统意义上的某一方面的技能，而是传统的教育领域的能力，是一种综合性的能力。态度则是指个体的情感、态度和价值观。

从以上核心素养的三个维度来看，核心素养并非单纯指某一方面的知识和能力，而是一系列知识、技能和态度的集合体，核心素养有着较强的综合性和实践性特点，是个体适应未来社会发展需求，获得全面发展，以及不断提升个体生存和生活能力的必备品格和关键能力。核心素养的提出符合终身教育发展的趋势，是个体进行终身学习的基本条件，也是不断提升个体综合素质的基本保障。

二、核心素养的特点和意义

核心素养是未来社会个体成长和发展的基本素质体系，既符合个体成长和发展的一般规律，又符合教育教学活动的实践要求，还符合时代趋势。

（一）核心素养的特点

核心素养具有普遍性、系统性、生长性和统整性的特点。

1. 核心素养的普遍性特点

核心素养的普遍性特点是指核心素养是所有学习领域和学习情境中不可或缺的要求。核心素养并非某一类人的素养，而是适用于所有不同情境的人的普遍素养，无论是高校教师还是普通学生，都须具备核心素养。核心素养并非局限于某一个学科领域的素养，而是一种跨学科的素养。核心素养打破了学科领域，适用于任何一个学科领域。个体掌握学科素养之后就具备了获取知识和技能的方法，从而能够从各个学科领域获取成长和发展所需要的知识，从这一视角来看，核心素养具有普遍性的特点。

2. 核心素养的系统性特点

核心素养的各个指标和因素之间呈现出相互促进、相互发展的关系，具有系统性的特点。核心素养的生成是一个从生理到心理再到文化和思想的纵向发展的层面。这四个层面中的个体生理发展是心理发展的基础，文化发展是思想发展的基础。核心素养的生成及发展特点决定了核心素养的后天习得和养成必须具有整体性、综合性和系统性的特点。从核心素养的横向发展来看，核心素养的各个要素之间呈现出交互作用、互相渗透、彼此互动的动态性发展特点。核心素养的这一横向发展特点揭示了核心素养具有多元面向、多元功能、多元领域、高阶复杂和长期培养的特点。客观认识核心素养的系统性特点有利于将核心素养应用于课程改革和发展之中。

3. 核心素养的生长性特点

核心素养是一种后天习得的素养，是一种动态的发展的素养，并非静止的素养，在后天习得的过程中，呈现出循序渐进、不断深化发展的特点。核心素养可以通过后天的培育实现。例如，学生在学校教育下，随着年级的上升，其知识、能力的获得逐渐丰富和完善。此外，当学生步入社会后，通过自主学习和与真实实践情境的互动，其素养也会随之不断丰富和完善。以个体的沟通和交流能力为例，个体在进入学校之前，已经具备了基础表达能力，进入学校后，经过的学校系统性的课程学习和活动训练，个体的表达能力逐渐提升，形成独特的表达技巧和沟通技巧，从而帮助个体在学校和家庭等情境中进行无障碍交流与沟通。而当个体从学校步入社会之后，个体的社交网络逐渐扩大，面对不同的情境，个体来自学校的沟通技巧显得相对不足，然而通过在各种不同情境中的学习，个体的沟通技巧会呈现出逐渐丰富和完善的特点。从这一视角来看，核心素养具有生长性的特点。

4. 核心素养的统整性特点

核心素养还具有统整性的特点，这一特点主要表现在两个方面。一方面，核心素养是知识、能力和态度的集合体，其并不是单一指向某一个特定的学科知识，而是强调个体能够通过一定的方法积极主动获得知识和技能，无论是核心素养中的知识还是能力，其含义都较一般的含义更加宽泛，并且除知识和能力之外，还包括情感、态度和价值观。从这一角度来看，核心素养超越了知识和能力的二元对立观念，打破了固有的个体素质衡量体系，呈现出较强的统整性特点。另一方面，核心素养不仅能够满足个体的发展需求，还能够满足社会的发展需求，并且能将两者融合为一体，追求个体和社会的共同发展。在促进个体发展的同时，个体能更加适应和满足社会的发展，促进社会更好地良性运行，从而体现出核心素养的统整性特点。

（二）核心素养的意义

核心素养人才培养理念的意义主要表现在以下几个方面。

1. 核心素养人才培养理念能够适应社会发展需要

社会的发展离不开生产力的发展和生产关系的变革，生产力的发展是社会发展的基本动力，而生产力的发展引发了生产关系的变化，促进了社会变革，原有的人才不再适应社会的发展，对社会人才提出了新的要求。21世纪以来，随着新一轮科技革命的发展，各种新学科、新领域不断出现，推动世界进入知识经济时代、经济全球化时代与终身教育时代。我国核心素养的提出正是结合了国际形势、时代特色以及具体国情,从而对人才提出的创新性的培养模式。我国核心素养体系能够适应新时代社会变化,根据核心素养体系培养的人才具有较强的跨文化、跨专业和跨领域的能力,能够适应社会的发展需要。

2. 核心素养人才培养理念能够适应终身学习和全面发展的要求

随着知识经济时代和终身教育时代的到来,知识迭代速度越来越快,对个体提出了不断学习,甚至终身学习的要求。而随着新一轮科技革命的到来,科技的发展促进了社会各个领域和行业的发展,涌现出了大量新兴学科和交叉学科,与此同时淘汰了一大批不符合社会需要的学科。在社会变革和知识迭代频繁的时代,个体只有具备终身学习的能力,才能保持与社会发展同步,不被社会所淘汰。此外,个体只有保持全面发展,才能适应社会需求,不被激烈的社会变革所淘汰。而核心素养人才培养理念着重培养学生的综合性知识、能力和态度,能帮助学生适应终身学习和全面发展的时代。

3. 核心素养人才培养理念能够促进学生的自我认同和自主行动

自我认同是个体学习和生活、发展的基本需求,个体只有建立起自我认同,并且合理清晰地认识自己、悦纳自己、明确自身的优缺点,才能在学习和生活中充分发挥个体的优势,避免劣势,从而朝着明确的目标发展。而个体只有建立了自我认同,才能进行自我反思,才能推动其不断发展。个体的自我学习和自主行动则是个体发展的动力基础,个体只有具备了较强的自我学习和自我行动精神,才能促进其在不断变化的时代积极寻求发展。而核心素养人才培养理念以知识、能力和态度为核心,重点培养人才的各种综合素质和能力,其中包括个体的自我学习能力、自我认同能力和自主行动能力,从而有效促进学生的自我认同和自主行动的发展。

4. 核心素养人才培养理念能够提升个体生活品质和生存质量

核心素养人才培养理念立足于培养适应未来社会发展所需要的人才,注重个体的生活品质和生存质量。核心素养中除了培养学生适应社会发展的基础能力和素质之外,还重点培养个体的品质、文化素养和精神境界,从而对个体与自然和社会的相处和互动方式,以及个体的日常生活品位和品质的追求产生影响。除此之外,核心素养还能够提升个体作为社会公民的意识,促进个体与社会环境的互动。而个体表达能力、合作能力和语言交往等各项能力的提升能够促进个体与其他个体之间建立相互尊重、友好协作的关系,有利于促进和谐社会的发展，从而为个体生存质量的提升奠定基础。

第二节 师范教育实习中核心素养教育概述

师范教育作为未来教师教育，师范教育与核心素养教育存在着十分密切的关系，本节主要对师范教育实习中核心素养教育体系的结构和目标、实现途径进行详细阐释。

一、师范教育核心素养的内容及特点

师范教育中核心素养包括学生核心素养、教师核心素养两个层面，其中师范生作为未来教师，其核心素养体系的构成直接关系着师范生个体和未来教育事业的发展。因此，本书所指的师范教育核心素养体系主要指师范生核心素养体系。

师范生核心素养是师范人才培养中的一个新的理论课题与实践课题，现阶段，我国学者对师范生核心素养的研究尚处于起步阶段。师范生核心素养与教育培养有着十分密切的关系，师范生的核心素养以教育学和心理学为基础，根据我国颁布的《师范生信息化教学能力标准》，结合国外机构和组织发布的多项报告，认为师范教育核心素养是指师范生作为学生在职前教育阶段逐渐形成的适应未来正式教育教学工作的关键能力和决定性品质，是教师胜任力的表现。[1]师范生核心素养涵盖了知识、能力、态度三个层面，呈现出一系列多元面向的整体。

具体来说，师范生核心素养主要包括专业知识、专业品质、专业技能，以及教育信念与责任、专业理念与师德等内容。师范生核心素养的知识主要包括教学领域的知识和教育领域的知识，以及其他各个方面的知识；师范生核心素养的能力主要包括教学设计、教学实施、班级管理与教育活动、教育教学评价、与同事、家长、学生等的沟通与合作、自我反思与发展能力等，以及其他

---

[1] 温小军. 师范生核心素养的内涵及其生成路径 [J]. 教育导刊, 2019(2): 80.

适应日常生活和学习的能力。师范生核心素养态度则主要包括师范生对教师职业的认识与理解、师范生对教育学科的态度与行为、师范生对学生的态度与行为、师范生对自我的认识与理解等。

师范生核心素养的特点与一般个体核心素养的特点既有相同性又有不同之处，具体来说，师范生核心素养具有较强的人本性、生成性和统整性的特点。师范生核心素养的人本性特点着眼于人的全面发展，蕴含着以学生为本的思想，体现出师范生以自身发展为本，同时又以基础教育领域学生发展为主的特点。师范生的核心素养是师范生在师范院校中经过课堂教学和实践教学逐渐生成的，因此又呈现出鲜明的生成性的特点。师范生核心素养的统整性特点是指师范生的核心素养培养是在克服了以往培养目标分化性和分散性特点的基础上提出的一种适应师范生未来社会生活和终身发展所需要的关键素养，是对师范生知识、能力和态度的统一。除此之外，师范生核心素养还具有较强的师范性、发展性、交叉性、兼容性等特点。

根据师范生核心素养的内容，师范生核心素养体系具体可划分为个人基础素养、师范生专业素养、21世纪师范生必备素养三个部分。其中师范生基础素养主要包括身心健康、品格健全、自主发展三个方面，师范生专业素养主要包括专业知识、专业技能和专业态度三个方面，21世纪师范生必备素养主要包括交往沟通素养、创新思维素养、合作参与素养等。

二、师范生核心素养培育的意义

师范生核心培养培育的意义主要表现在以下两个方面。

（一）师范生核心素养培育适应师范生发展的需要

师范生核心素养培育为师范生的全面发展奠定了基础。师范生核心素养培养既对师范生的基础素养进行培养，例如，对师范生的身心健康、品格和自主发展方面的培养，又对师范生的专业素养进行重点培养，重点包括师范生专业知识、师范生专业技能以及师范生的专业态度。师范生作为未来的人民教师，承担着传播知识的重任，师范生专业知识包括学科专业知识、教育科学知识、基础文化知识。这些学科专业知识是师范生从事教育事业的基础。除此之外，师范生的知识范畴还包括大量教育学知识和心理学知识。师范生的专业技能主要包括基础技能、教学技能、信息技能等。其中基础技能主要包括板书设计能力、普通话水平、语言表达能力等；教学技能则主要包括了教学设计能力、教学实施能力、教学反思能力等；信息技能则主要是指师范生在信息时代掌握信息工具的能力并将信息工具应用于教学的能力等。师范生的专业态度主要包括师范生的教师职业观和师德。在师范生核心素养培育中，知识、能力和态度等方面的培养能够使师范生未来走出学校，走上工作岗位后，既能够满足教学的需要，又能够为师范生本人的未来专业发展和职业发展奠定良好的基础。

（二）师范生核心素养培育适应社会教育改革的需要

在世界教育改革的大趋势下，我国教育正在进行深化改革，而我国教育改革的主要目标就是培养德、智、体、美全面发展的社会主义建设者和接班人，这是我国"立德树人"的目标。这一目标与师范生的核心素养培育目标存在一致性。现阶段，我国基础教育课程改革的方向就是进一步落实素质教育，由知识本位向素质本位发展。我国基础教育改革的这一目标与核心素养培育目标存在一致性。师范生是未来基础教育领域的中坚力量，也是推动我国基础教育改革的中坚力量。为了适应未来基础改革的素质本位需要，在未来我国的基础教育教学中应加强学生素质教育比例，同时要求教师具有较强的综合素质，以适应未来基础教育的发展。由此可见，师范生的核心素养培育与我国基础教育改革趋势相适应。

现阶段，我国师范生培养过程中存在着教育目标模糊的现象，而师范生核心素养培育明确了师范生在知识、技能和态度各个方面的培养目标，有利于推动我国师范生教育改革。由此可见，师范生核心素养培育适应社会各级教育改革的需要。

三、师范生核心素养培育的途径

师范生核心素养培育与我国师范教育立德树人的目标相一致，是我国师范教育立德树人的重要组成部分，具体来说，师范生核心素养培育的主要途径表现在以下几个方面。

（一）从态度方面来看，以师德培养为先

师范生核心素养培育符合我国现阶段培养德、智、体、美全面发展的社会主义建设者和接班人的目标。从师范生核心素养培育的态度来看，主要包括情感、态度和价值观培育。其中，师范生的师德培育必须置于师范生核心素养培育态度层面的首位。现阶段，我国社会正处于深化转型时期，而随着信息技术的进步，各种社会思潮涌入我国，带来了多元化的价值观，其中包括功利主义、工具理性主义思想、个人主义、利己主义等价值观，这些价值观不利于我国师范生师德的培养。从我国师范生选择教师作为职业的动机来看，相当一部分师范生报考师范院校并选择教师作为职业的原因在于教师职业相对稳定，而非出于对教师职业的热爱。此外，我国许多师范院校在对师范生进行培养时，存在过于注重师范生的专业知识和专业技能教育，而忽视了师范生的情、意、行等方面，也忽视了必要的道德体验，导致在师范生中有部分学生的道德水平仅停留在浅层，未深化至师范生的内在道德素养中，造成师范生道德认识与道德实践相脱节的现象。

在这种师范生师德教育现象下，师范生核心素养培育中加强了对师德的培育，这样能够激发师范生对教师职业的热爱，引导师范生树立高尚的价值观，并促进师范生道德内化，从而不断提升师范生的道德水平。

（二）从知识方面来看，注重专业知识与综合性知识相结合

师范生的知识修养是其核心素养的基础，如果没有知识，师范生的核心素养就如同无源之水、无本之木，无从谈起。师范生的知识体系中包含着大量学科教学知识，这些知识多通过教育学、心理学、学科教学法等课程所获得，具有系统性、理论性较强的特点，大多局限于对某些教育概念的学习，较少注重实际教学过程所需要和应用的基础知识，如普通话、板书设计、与学生的交流和沟通等。这些实际教学知识的缺乏往往导致师范生在进行实习活动或正式走上教育教学岗位后出现基础教学知识不能适应教学需要的现象。为了避免这种现象，师范生核心素养培育中应加强专业知识与综合性知识的结合。例如，在培养师范学生专业学科知识和专业教育学知识的同时，培养学生的基础教育知识。师范生教育作为一门实践性较强的教育，学生不仅可以从课堂教学和课本教材中获取知识，还可以从实践教学中学习知识。从这一视角来看，师范生的知识获取具有较强的情境性、实践性、内隐性、个体性等特点。

（三）从能力方面来看，注重培养师范生实践能力

师范生核心素养培育中的能力培养在核心素养中起着十分重要的作用，师范生核心素养培育中的能力主要包括课程理解力、教学实践能力、教学研究能力、教学创新能力等。其中，课程理解力主要包括对课程目标的理解、对课程

内容的理解、对课程实施的理解、对课程评价的理解。教学实践能力主要包括教学评价能力、课堂教学能力、教学管理能力、学科实践能力。教学研究能力主要包括合理设计教育研究课题、规范运用教育科研方法、撰写学术论文或调查报告等能力。这些能力均属于师范生的专业能力范畴。除了这些能力外，还包括师范生适应日常工作、学习和生活的基本能力。对师范生来说，由于师范专业具有较强的实践性特点，因此师范生的实践能力是师范生核心素养能力培育中的重中之重。

第三节 师范教育实习中学生核心素养教育的培养路径

师范教育实习是师范教育活动的重要组成部分，也是师范教育中培养实习生核心素养教育的重要途径。而师范实习生核心素养教育是"立德树人"的重要组成部分，为了实现"立德树人"的目标，在师范教育实习活动中培养学师范生的核心素养教育路径可着眼于以下几个方面。

一、加强师范实习生自我认同，奠定师范实习生思想基础

加强师范实习生的自我认同，不断促进师范生的自我学习能力，引导师范实习生树立"立德树人"的思想，是师范实习中提升师范实习生核心素养的重要途径，具体可从以下几个方面着手。

加强实习生的核心素养教育，首先应建立起师范实习生的自我客观评价，提高实习生的自我认知能力。实习生应正确了解自身的优缺点、兴趣、特长，从知识、能力、态度等方面，对自我进行深刻认识以及自我评价。实习生自我客观评价有利于实习生客观看待自我的知识、能力和态度，有利于实习生在实习过程中确定实习目标，并定期结合新学习的知识和能力进行客观总结，以便不断提升实习生的反思能力，并不断审视阶段性实习目标的达成效果、达成路径，提升实习生的积极性和主动性，促使实习生在实习过程中遇到困难时积极主动地解决困难。

加强实习生的核心素养教育，还应拓展实习生的知识视野。在实习过程中

实习生应树立积极的态度，明确实习目标，并抓紧一切机会学习，不断拓展知识视野。在中小学实习时，实习生除了进行备课、试讲、教学、教研以及班级管理活动之外，往往还有许多闲暇时间。实习生应充分利用这些闲暇时间，一方面，积极主动听取实习学校其他任课教师的课程，并对其他任课教师的教学方法和教学理念进行总结和反思，从中学习其他经验丰富的任课教师的教学经验，并将他人的教学经验转化为自身教学知识的一部分。另一方面，实习生在实习期间应多了解教育学、心理学以及学科前沿知识，并且将理论知识应用于教学实践，从而寻找独特的个人教学风格，不断拓展知识视野。

加强实习生的核心素养教育，还应加强对实习生自身的思想道德修养。师范实习生作为未来的教师，应当具备完善的人格和良好的个人品德，以及高尚的师德。师范实习生师德培育一方面需要实习指导教师、实习指导学校加强对实习生的道德榜样示范或道德氛围构建，另一方面则需要师范实习生严于律己，端正态度，强化自我修养，在实习教学中以学生为先，做好教师的本职工作，热情对待学生，爱岗敬业，不断提升自我道德修养。

除了加强师范实习生自我认同和自我道德教育外，实习指导教师在实习生实习活动中应充分利用其本人高尚的道德情操、渊博扎实的专业知识、深厚的人文底蕴、高超的教学艺术等，对师范生进行影响，提升实习生作为教师的职业认同感，不断提升道德素质修养。

二、强化师范实习生的实践知识和能力素养教育

在实习期间，对师范实习生进行核心素养教育，应从实习指导教师和实习生本人入手，不断拓展实习生的实践知识、加强实践能力素养。

从实习指导教师的角度来看，拓展实习生的实践知识、加强能力素养教育可从以下几个方面着手。师范院校实习教师在实习生到实习学校开展实习活动之前，应进行实习生的微格教学、模拟课堂指导，并且让实习生从中获得一定的实践知识和能力，锻炼实习生的基本实践知识与能力，如普通话能力、把握课堂教学进度的能力、板书设计能力等。在实习过程中，实习指导教师应针对实习生在实习过程中遇到的困难和问题，主动为实习生解决问题，调动实习生参与实践教学的积极性和主动性，提高实习生对实践教学的期待。实习生在进行顶岗实习或支教实习时，实习学校或实习教育基地的教师应加强对实习生的

实践指导，通过全程指导实习生实践教学，从而培养和提升实习生的实践知识和实践能力素养教育。

从实习生自身来说，拓展实践知识、加强能力素养教育可从以下几个方面着手。

在师范学校时，实习生应加强自主实践意识，拓宽自主实践路径。具体来说，实习生可以通过积极参与学校组织的各种实践活动，在实践活动中锻炼自己的能力，拓展自己的知识边界。实习生在实践活动中可以通过参与各种社团组织或校外实践活动，不断提升自身的组织协调能力、沟通能力。

积极参与校园内部举行的各种教学实践活动，如校内外组织的各种教学设计比赛、演讲比赛、辩论赛、试讲比赛、书法比赛、说课比赛等实践活动。在这些实践活动中，实习生既可以增强教学专业知识与能力，又可以在这些实践活动中充分锻炼其基础教学能力，如交流能力、清晰表达能力、板书能力等，并且在各种实践活动中能认识到自身的不足，在日常学习中进行纠正和完善，不断提高自身的教学基本技能。

在实习学校实习时，师范实习生应当珍惜每一次教学实践的机会，将教学理论与教学实践知识结合起来，培养勤学善思、实践创新、不断反思、勇于探究的能力。

综上所述，师范院校在实习生教育实习活动核心素养的培养需要学校、教师和学生共同参与，从知识、能力和态度三个层面提升实习生的核心素养，促进实习生的全面发展，实现"立德树人"的教育目标。

参考文献

[1] 习近平. 习近平谈治国理政 [M]. 北京：外文出版社，2014.

[2] 戴冰. 当代青年工作的价值导向研究 [M]. 上海：复旦大学出版社，2015.

[3] 许先春. 治国理政总方略：协调推进"四个全面"战略布局 [M]. 北京：党建读物出版社，2018.

[4] 袁贵仁. 马克思主义人学理论研究 [M]. 北京：北京师范大学出版社，2017.

[5] 陈文涛，刘霄. 教育实习指导 [M]. 开封：河南大学出版社，2015.

[6] 中共中央宣传部宣传教育局. 公民道德建设实施纲要学习读本 [M]. 北京：学习出版社，2001.

[7] 圣西门. 圣西门选集 [M]. 2 卷. 董果良，译. 北京：商务印书馆，1982.

[8] 悦洋. 学习贯彻党的十九大精神——法学理论研究与法治实践探索 [M]. 成都：四川大学出版社，2019.

[9] 中共中央马克思恩格斯列宁斯大林著作编译局. 马克思恩格斯选集 [M]. 1 卷：北京：人民出版社，1995.

[10] 李朝阳. 中国古代十大思想家：仁政学说创始者孟子 [M]. 北京：阳光出版社，2017.

[11] MENGES R J, MATHIS B C.Key resources on teaching, learning, curriculum, and faculty development : a guide to the higher education literature [M] .San Francisco : Jossey-Bass Publishers, 1988.

[12] 邹春花，黄连杰. 多元视角下我国高校青年教师发展研究 [M]. 北京：北京理工大学出版社，2017.

[13] 周宁之. 近代中国师范教育课程研究 [M]. 北京：教育科学出版社，2017.

[14] 汪楚雄，杨亚男. 美术教育实习教程 [M]. 武汉：华中师范大学出版社，2014.

[15] 卫建国，张海珠. 走向教师教育改革 [M]. 北京：光明日报出版社，2014.

[16] 李菲.学校德育的意义关怀研究(实践卷)[M].北京:教育科学出版社,2009.

[17] 陈坤华,傅定涛,周荣秀.小学教育专业教育实践指南[M].徐州:中国矿业大学出版社,2013.

[18] 戴赋.中华成语典故[M].沈阳:万卷出版公司,2014.

[19] 闫秀文.中华成语探源[M].长春:北方妇女儿童出版社,2014.

[20] 张博伟.实践课程指导教师的角色与指导策略[M].长春:吉林大学出版社,2015.

[21] 明刚.教师如何立德树人[M].北京:中国轻工业出版社,2015.

[22] 司马迁.史记全本(下)[M].夏华,译.沈阳:万卷出版公司,2016.

[23] 陈文强.核心素养与学校变革[M].厦门:厦门大学出版社,2016.

[24] 于乐.落实立德树人根本任务 探索网络育人新途径[M].成都:电子科技大学出版社,2016.

[25] 习近平.决胜全面建成小康社会夺取新时代中国特色社会主义伟大胜利——在中国共产党第十九次全国代表大会上的报告[M].北京:人民出版社,2017.

[26] 王向红.幼儿教师的核心素养[M].北京:中国轻工业出版社,2017.

[27] 刘海燕.中小学教师立德树人教育行动指南[M].长春:东北师范大学出版社,2017.

[28] 余文森.核心素养导向的课堂教学[M].上海:上海教育出版社,2017.

[29] 张文卫,张小飞.断裂与再生——高校新老校区文化传承问题研究[M].成都:四川大学出版社,2017.

[30] 熊刚,彭智平.师范生基本素养与师德养成[M].成都:四川大学出版社,2013.

[31] 张哲华,马艳玲.英语师范生学习导论[M].北京:北京理工大学出版社,2018.

[32] 靳玉乐,张铭凯,郑鑫.核心素养及其培育[M].南京:江苏人民出版社,2018.

[33] 韩炳秀.核心素养下的课堂教学[M].青岛:中国海洋大学出版社,2018.

[34] 楚龙强,左文军,司马超.新时代研究生立德树人的理论创新与实践发展[M].武汉:武汉大学出版社,2019.

[35] 李颖.细节的力量:新中国的伟大实践[M].上海:学林出版社,2019.

[36] 戴冰.青年思想政治工作学引论[M].上海:上海交通大学出版社,2019.

[37] 武治国."立德树人"视域下师范生社会主义核心价值观培育的重要意义和

现实路径 [J]. 信阳师范学院学报 (哲学社会科学版), 2019, 39(3) : 60–63.

[38] 石中英. 教育信仰与教育生活 [J]. 清华大学教育研究, 2000(2) : 28–35.

[39] 曾勇屏, 刘应君. 论王阳明知行合一思想对高校德育工作的启示 [J]. 湖南广播电视大学学报, 2008(3) : 16–18.

[40] BERGQUIST W H, PHILLIPS S R. A handbook for faculty development [J]. Faculty Development, 1975(3) : 299.

[41] 邱地海. 优秀传统道德资源与高校师德养成 [J]. 温州职业技术学院学报, 2008(1) : 63–65.

[42] 刘云亮. 坚持"德育首位"原则, 力求"立德树人"实效 [J]. 林区教学, 2011(12)28–30.

[43] 余艺. 互联网时代大学生思想政治教育探析 [J]. 信阳师范学院学报 (哲学社会科学版), 2015, 35(4) : 98–100.

[44] 王丽滨. 中华优秀传统文化对加强高职院校师德教育的作用 [J]. 江苏教育研究, 2015(Z3) : 100–103.

[45] 张扬. 法治教育与德治教育的内涵及意义 [J]. 理论观察, 2015(7) : 36–37.

[46] 吴淑霞, 解志斌. 立德树人根本任务下高校德育体系整合创新的原则与路径 [J]. 牡丹江大学学报, 2015, 24(12) : 143–145.

[47] 李昌祖, 赵玉林. 公民法治素养概念、评估指标体系及特点分析 [J]. 浙江工业大学学报 (社会科学版), 2015, 14(3) : 297–302.

[48] 薛玉清. 弘扬优秀传统文化, 推进师德师风建设 [J]. 学周刊, 2016(9) : 117.

[49] 唐勇. 师范院校"立德树人"的时代内涵及实现路径 [J]. 西华师范大学学报(哲学社会科学版), 2016(4) : 100–104..

[50] 俞国良, 李森. 我国"立德树人"教育政策历史进程的文本分析与启示 [J]. 西南民族大学学报 (人文社科版), 2019, 40(6) : 217–222.

[51] 张利明. 立德树人与中华优秀传统文化关系述论 [J]. 社会科学研究, 2016(6) : 143–147.

[52] 王丽华, 唐秋远. 顶岗实习支教中青少年法治教育问题 [J]. 商丘职业技术学院学报, 2017, 16(1) : 69–71.

[53] 张宇. 高校立德树人中进行合一原则的价值运用 [J]. 天津市教科院学报, 2017(3) : 5–8.

[54] 张旭如. 教育实习对实习生教学效能感的影响[J]. 山西师大学报(社会科学版), 2017, 44(1): 109–112.

[55] 游百春, 宋英. 师范院校"立德树人"内涵探析[J]. 教育观察, 2018(15): 57–59.

[56] 胡家俊. 坚持管理育人原则 强化立德树人根本[J]. 黄山学院学报, 2018, 20(1): 91–93.

[57] 余淼. 中华传统文化推进高职院校文化建设的途径研究[J]. 船舶职业教育, 2018, 6(6): 54–56, 66.

[58] 张英. 中华优秀传统文化与师范生师德养成教育研究[J]. 六盘水师范学院学报, 2019, 31(3): 54–59.

[59] 温小军. 师范生核心素养的内涵及其生成路径[J]. 教育导刊, 2019(2): 86–90.

[60] 王立. 以中华优秀传统文化滋养师德[J]. 教书育人(高教论坛), 2019(6): 17.

[61] 廖嘉林, 刘轩羽. 浅谈维护顶岗实习大学生正当权益的途径[J]. 市场调查信息(综合版), 2019(8): 183.

[62] 吴凡, 宋婷婷, 戴欣. 师范院校学生法治教育"双轨模式"的构建[J]. 学校党建与思想教育, 2019(16): 83–84.

[63] 国务院办公厅. 国务院办公厅关于新时代推进普通高中育人方式改革的指导意见[J]. 人民教育, 2019(Z2): 10–13.

[64] 张弛. 新时代立德树人的理论渊源、内涵与实践路径[J]. 北京教育(德育), 2019(7): 39–43.

[65] 左崇良. 师范生核心素养框架建构的探析[J]. 湖南第一师范学院学报, 2020, 20(2): 78–84.

[66] 王勋, 马琳慧. 中华优秀传统文化融入研究生导师立德树人职责研究[J]. 四川轻化工大学学报(社会科学版), 2020, 35(3): 87–100.

[67] MCLAGAN P A. Models for HRD practice[J]. Training and Development Journal, 1989, 41(9): 49–59.

[68] 路仙伟, 贾国安. 论新形势下的教师发展[J]. 唐山学院学报, 2009, 22(5): 105–108.

[69] 史尚山. 以中华优秀传统文化涵养师德的实践思考[J]. 甘肃教育, 2020(14): 22.

[70] 常珊珊，沈慧玲，李怡哲，等.我国师范生核心素养体系的构建研究[J].内蒙古师范大学学报(教育科学版),2020,33(4):10-16.

[71] 冯滟童.新时代师范院校"立德树人"内涵及实现路径[J].教书育人,2020(9):40-41.

[72] 宣璐，余玉花.试论新时代道德教育中的法治内涵[J].基础教育,2020,17(1):5-10.

[73] 李艳坡.全媒体背景下大学生社会主义核心价值观培养创新研究[J].佳木斯职业学院学报,2020,36(4):19-20.

[74] 杨艳.提高中学生法律素质有效途径研究[D].上海:上海师范大学,2009.

[75] 潘莎莎.基于社会主义核心价值体系的师范生职业生涯辅导研究[D].上海:华东师范大学,2011.

[76] 李利.职前教师实践性知识发展研究[D].苏州:苏州大学,2012.

[77] 回俊松.职前教师反思能力培养研究[D].长春:东北师范大学,2014.

[78] 武文斌.教育实习中大学实习指导教师角色履行的状况及其影响因素研究[D].长春:东北师范大学,2014.

[79] 孙宇.马克思人的全面发展理论研究[D].大连:辽宁师范大学,2013.

[80] 邓斌.中华优秀传统文化与社会主义核心价值观建设[D].长春:东北师范大学,2016.

[81] 卢晓璐.教育实习中职前教师实践性知识习得研究[D].南宁:广西师范学院,2016.

[82] 张霖.中国特色社会主义法治理论及其教育研究[D].武汉:华中师范大学,2016.

[83] 赵荣蜜.高中政治课教学中法治教育的研究——以雅安二中为例[D].南充:西华师范大学,2016.

[84] 刘宁.当代中国的法治教育研究[D].武汉:华中师范大学,2016.

[85] 张瑶.初中思想品德课教学中法治意识培育研究[D].重庆:重庆师范大学,2016.

[86] 邓映婕.依法治国背景下高校大学生法治教育的现实困境与路径构建[D].上海:华东政法大学,2016.

[87] 余芬.未来中学教师价值观培育研究——基于保护性价值观的视角[D].石家

庄：河北师范大学, 2017.

[88] 常琛. 农村中学生法律素养培育路径研究 [D]. 长沙：湖南师范大学, 2017.

[89] 樊浩贤. 初中思品课中的法治教育研究——基于生态课堂理论视角 [D]. 漳州：闽南师范大学, 2017.

[90] 郑晶晶. 社会主义核心价值观的中华优秀传统文化底蕴研究 [D]. 大连：大连海事大学, 2017.

[91] 孙建东. 依法治国背景下高校法治教育实效性研究 [D]. 成都：成都理工大学, 2017.

[92] 石雨欣. 法治教育融入中小学课程的探究 [D]. 重庆：西南大学, 2017.

[93] 秦卫乐. 提升新手教师课堂教学评价素养研究 [D]. 新乡：河南师范大学, 2017.

[94] 王龚. 师范生信息素养课程体系建构研究——以S师范大学为例 [D]. 上海：上海师范大学, 2017.

[95] 王晓青. 教育实习对师范生实践性知识的影响研究 [D]. 扬州：扬州大学, 2017.

[96] 尹波. 核心素养视域下师范生实践教学能力培养对策研究 [D]. 南充：西华师范大学, 2018.

[97] 王胜楠. 核心素养下师范生教学能力研究——以H师范大学为例 [D]. 哈尔滨：哈尔滨师范大学, 2018.

[98] 谢欢. 以中华优秀传统文化涵养社会主义核心价值观研究 [D]. 兰州：兰州大学, 2018.

[99] 刘建宁. 中国特色社会主义法治文化建设研究 [D]. 兰州：兰州大学, 2018.

[100] 郭璠. 中华优秀传统文化在大学生思想政治教育中的价值与运用 [D]. 太原：中北大学, 2019.

[101] 何曾艳. 《道德与法治》课对初中生法治意识培养问题研究 [D]. 岳阳：湖南理工学院, 2018.

[102] 方静文. 高中思想政治课教师法治素养的提升策略——以清远市清新区第一中学为例 [D]. 贵阳：贵州师范大学, 2018.

[103] 胡卫兵. 高中《经济生活》法治教育研究 [D]. 上海：上海师范大学, 2018.

[104] 张月. 中小学教师职业认同影响因素研究 [D]. 武汉：华中师范大学, 2018.

[105] 杨聘.高职师范生教师职业技能现状调查与研究——以Z高职师范学院为例[D].石家庄：河北师范大学,2019.

[106] 方艳.新时代高校师范生师德教育研究[D].南昌：江西师范大学,2019.

[107] 徐婷.立德树人视域下高中生法治意识培养研究——以《经济生活》课程为例[D].固原：宁夏师范学院,2019.

[108] 付玉.新时代高校立德树人的践行路径研究[D].无锡：江南大学,2019.

[109] 鲍红月.大学生中华优秀传统文化素养研究[D].石家庄：河北经贸大学,2019.

[110] 杜雪娇.新时代大学生中华传统美德教育研究[D].长春：东北师范大学,2019.

[111] 陈宝旺.师范生教育实习学习质量影响因素及提升对策研究[D].广州：广州大学,2019.

[112] 王清涛.职前教育实践对新任教师职业适应性的影响研究[D].芜湖：安徽师范大学,2020.

[113] 郑岚.大学生法治意识提升路径研究[D].大庆：东北石油大学,2020.

[114] 王渊.全面依法治国背景下大学生法治教育研究[D].上海：华东交通大学,2020.

[115] 牛佳蕊.高中生法律素养培育研究[D].沈阳：沈阳建筑大学,2020.

[116] 白玉.新时代高校思想政治教育立德树人使命研究[D].西安：陕西科技大学,2020.

[117] 罗陈成.高校立德树人的对策研究[D].湘潭：湘潭大学,2020.

[118] 蒋佳燕.卓越教师培养视域下教育实习指导教师胜任力研究[D].金华：浙江师范大学,2020.

[119] 修美竹.教育实习对数学职前教师信念的影响研究[D].上海：华东师范大学,2020.

[120] 李辉.新时代我国高校师范生职业理想教育研究[D].石家庄：河北师范大学,2020.

[121] 戴泽华.高师科学教育专业教育实习问题研究——以吉林省某高校为例[D].长春：长春师范大学,2019.